プロ野球の職人たち

二宮清純

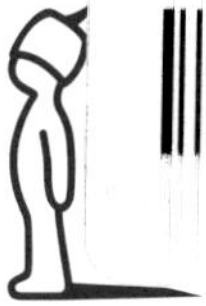

光文社新書

はじめに　職人魂を知らずして、プロ野球は語れず

　３１０勝投手の別所毅彦《べっしょたけひこ》は座談の名手だった。話術が巧みで声に抑揚がある。しかもエピソード満載ときている。思わず「それ、本当ですか?」と聞き直したことも一度や二度ではない。

　もう今から20年くらい前の話だ。

「最近の投手は自己管理がなっとらん!」

　貧乏ゆすりをしながら、別所は語気を強めた。この仕草は、怒りのボルテージが上がっていることを示すものだ。

　別所が槍玉に挙げたのは、オフのバラエティ番組でタレントの手を握った、ある若手ピッチャーだった。

「僕はね、夜の街に繰り出しても絶対にホステスさんと手だけは握らなかった。そのくらい

商売道具を大切にしたもんだよ」

「別所さん、それ、本当ですか?」

「ああ、右手ではね。女性は化粧もするし、香水もつけている。当然、手でやるわけでしょう。その時点で女性の手は、いろんな〝成分〟を含んでいる。申し訳ないけど、そういう手を握ると、こっちの指先の皮膚感覚が鈍る恐れがあるんだな」

指先の皮膚感覚、という言葉が妙に新鮮だった。その風貌からして豪放磊落《ごうほうらいらく》に映ったが、実は繊細にして細心。310勝投手の意外な一面を見る思いがした。

2011年のシーズンオフ、テキサス・レンジャーズの上原浩治に会った。「(メジャーリーグの公式球には)まだ馴染めない」と苦笑いを浮かべて言った。そして口をとがらせて続けた。

「日本の(高品質の)ボールと比べたら天と地ほどの違いがある。アメリカのボールはひとつひとつ全て違う。しかもツルッツル。まだ悩んでいます」

慣れ不慣れの問題なら時間がたてば解決する。メジャーリーグで3シーズン戦い、それでも「まだ馴染めない」というのだから、上原の悩みは深刻だ。指先の皮膚感覚が無意識のうちに拒否反応を示しているのだろう。

02年に1年間、メジャーリーグでプレーした小宮山悟も、米国製のボールに馴染めなかったピッチャーのひとり。「もう指先の皮を変えるしかないと思った」と冗談とも本気ともつかぬ顔で語っていた。

ピッチャーにとって指先の皮膚感覚が、かくも大切だということがお分かりいただけるだろう。これぞ職人の領域の話である。

一流のピッチャーは、常に指先でボールと豊饒な会話を交わしている。その象徴的なシーンが「江夏の21球」だろう。

広島と近鉄との間で行われた79年の日本シリーズ第7戦、9回表が終わった段階で広島が4対3と1点のリード。マウンド上には広島の守護神・江夏豊。無死満塁での攻防は山際淳司のノンフィクションに詳しい。

この傑作で触れられていなかったポイントがある。それは、絶体絶命のピンチで右バッターのひざ元に小さく曲がるカーブを多投したことである。9回裏、江夏が近鉄打線に投じた21球のうち、実に8球がカーブなのだ。無死満塁で佐々木恭介《ささききょうすけ》を三振に切って取ったのもカーブなら、石渡茂《いしわたしげる》のスクイズを外したのもカーブ。最後に石渡を三振に仕留めたのも、またカーブなのだ。

この日、江夏はなぜカーブを多投したのか。さらに言えば普段なら緩い軌道を描く江夏のカーブが、なぜ、この日に限っては右打者の視界から消えるようにスッと沈んだのか。

それは、当日の空模様と無縁ではあるまい。降ったり止んだりのあいにくの天候。適度の雨は指に潤いをもたらす。カーブを狙ったコースに配するにあたっては、この〝しっとり感〟が重要になる。江夏は空とも対話しながら、配球を練り、勝負球を決めたのである。

いつだったか、江夏から、こんな話を聞いたことがある。

「オレは朝、起きると何をするより、まずパッと手を触るんだ。むくんでいないか、冷たくなっていないか、しびれていないか……。だから寝るときもオレの場合は決まって左腕を（体の）上に置いた。下に置くと、しびれることがあるからね。これは職業意識というより、この仕事をやっていれば当然のことじゃないかな」

仕事へのこだわり、そのための準備――。職人魂の生粋を見る思いがしたものだ。

バッティングの職人も紹介したい。極北に位置するのは通算３０８５本安打の張本勲である。ピッチャーにとって指先が命なら、バッターは目である。どんなにバットを振り込もうが、筋肉を鍛えようが、バットがボールに当たらなければ何も始まらない。

張本は現役時代、決まって試合後、目に火照りを感じたという。無理もない。1日4打席として10球から20球、穴が開くほどボールを見つめるのだ。

いや、見つめるのはボールだけではない。ピッチャーのクセやランナーの動作、内外野のフォーメーションにも視線を送り続ける。これだけ目を酷使すれば、疲労がたまるのは自明だ。

さらには不振に陥ると眠れない日々が続いた。それでは目に悪いと思い、張本は無理やり目をつむり、閉じたまぶたの裏側で打撃のシミュレーションを行った。まぶたをスクリーンにして繰り広げられる試行錯誤は明け方にまで及ぶことも珍しくなかった。

もう随分前のことだが、荒ぶった声で張本はこう言ったものだ。

「眠らんと体に悪いのに眠れん。しかし、目だけは閉じていないといけない。ワシはもう一度生まれ変わっても、野球選手にだけはなりたいとは思わんね」

おそらく誰に教わったわけでもないのだろうが、デビュー当時からイチローの出で立ちには職人としてのこだわりがうかがえた。彼は昼間、外出する際には決まってひさしの長い帽子を目深にかぶっていた。太陽の直射日光を避けるための配慮だった。

イチローいわく、パパッと照りつけるような陽射しや照明の光は目に良くない。この修行僧なみの自己管理なくして、彼のサクセスストーリーはなかっただろう。〝イチローは1日にして成らず〟なのだ。

目といえば、本書で紹介する史上最強の代打男・高井保弘の話は、まさしく〝目からウロコ〟の連続だった。

3打席も4打席も打席に立つことのできるレギュラーとは違い、ピンチヒッターは、たった一振りで相手ピッチャーを粉砕することを最大の職務とする。結果を出すためには徹底して相手を研究し、クセを掴んでおかなくてはならない。事前の準備ですべてが決まると言っても過言ではないのだ。

代打稼業を極めるにあたり、高井が書き残した膨大なメモは、プロ野球の秘密文書として超一級品である。これほどの人材を遊ばせておくのは、あまりにももったいない。

これも昔の話だが、江夏に「もしバッティングコーチをひとり選べと言われたら、誰にします?」と問うたことがある。江夏は即座にこう答えた。

「ブーちゃん(高井のニックネーム)やろう。あれだけの技術を持った男は他にはおらんわ」

職人は職人を知るということか。長い歳月を経て磨き上げた技術、プロフェッショナルとしての矜持、そして、飽くなき探究心――。彼ら職人の世界を知らずして、プロ野球を語ることはできない。

本書ではそんな職人たちをオールタイムで選び、オーダーを組んでみた。最強とは言えないが、味のあるチームになったと思う。バントの名手・川相昌弘は2番に置くべきだったかもしれない。そうなれば松井稼頭央はどこで起用すればいいのか。こんな悩みも、また愉しい。

なお、本書を送り出すにあたっては、光文社の古谷俊勝氏、森岡純一氏、古川遊也氏の尽力に依るところが大きい。株式会社スポーツコミュニケーションズの石田洋之氏のサポートにも感謝したい。本を編む仕事もチームワークが大切である。

※本書に記載されている記録、肩書はすべて2012年開幕前のものです。

目次

1番◎センター

元阪急ブレーブス

福本豊

YUTAKA FUKUMOTO

セットに入ってモーションを
起こすまでの時間は、
それぞれのピッチャーで一定。
これが大きな発見だった

福本豊（ふくもとゆたか）
1947年、大阪府出身。
大鉄高、松下電器産業を経て、
69年に阪急ブレーブス入団。
70年に初の盗塁王に輝いて以降、
13年連続で盗塁王。
72年には日本記録の106盗塁を記録。
88年引退。通算盗塁数は1065。
02年、野球殿堂入り。

●

MVP：1回（72年）
盗塁王：13回（70〜82年）
ベストナイン：10回（72〜74年、76〜82年）
ゴールデングラブ賞：12回（72〜83年）

野村が考案したクイック・モーション

低反発の統一球、いわゆる〝飛ばないボール〟が導入された2011年、ホームラン数が激減した。球界全体では前年比マイナス41％。前年の日本一、千葉ロッテにいたってはマイナス63％だ。

必然的にロースコアのゲームが増え、1点の重みがそれまでと比べると格段に増した。少ないヒット数で効率よく点を取るためには機動力が不可欠である。

そこで歴代1位のシーズン106盗塁、通算1065盗塁という不滅の記録を持つ福本豊（元阪急）に盗塁、走塁の極意を訊ねた。

「盗塁を許した場合、その責任の70％はピッチャーにあります。キャッチャーは30％。どんな強肩のキャッチャーでも、ピッチャーがモーションを盗まれたら、刺すことはほぼ不可能です。

それが証拠に僕は、（弱肩といわれた）野村克也さんに一番殺されているはずです。僕が当時、世界記録だったシーズン106盗塁を記録したのが入団4年目の72年。73年が95盗塁、74年が94盗塁。このあたりまでは、まだいいんです。それからあまり走れなくなった。

75年に63盗塁まで落ち、76年62盗塁、77年61盗塁……。盗塁が減った一番の原因は野村さんが考え出したクイック・モーションです。(ランナーが出ると)ピッチャーが足をほとんど上げずに放るようになった。これではスタートを切るタイミングがつかめない。えらい往生しました」

70年代前半まで、ランナーがいてもピッチャーは足を高く上げ、大きなモーションで投げていた。にもかかわらず、盗塁を許せば、それはキャッチャーの責任。ピッチャーに非はないという考え方が主流だった。

これに異を唱えたのが70年に南海のプレーイングマネジャーに就任した野村だ。

「盗塁はピッチャーとキャッチャーの連帯責任」

そう言ってピッチャーにクイック・モーションでの投球を指示した。

もちろん、最初からうまくいったわけではない。ピッチャーの中には「ノムさんは肩が弱いから盗塁を刺せない。その責任を我々に押しつけている」と反発する者もいた。

しかし、盗塁を許し、それが得点につながれば困るのはピッチャーである。勝ち星も逃げていく。そこで渋々ながらも野村の指示に従うようになった。すると、どうだ。一時的ではあったが福本の足が止まった。

クイック・モーションの成果が顕著に表れたのが73年のプレーオフである。リリーフで登板した佐藤道郎のすり足に近いクイック・モーションに福本は〝足止め〟を食らう。

このプレーオフ、下馬評では阪急が圧倒的有利と言われたが、終わってみれば1、3、5戦と奇数ゲームを制し、勝利したのは野村南海だった。

野村は語ったものだ。

「シナリオどおりにいった。盗塁はホームランよりもタチが悪い。1回走られると、バッテリーはまた走られるんじゃないかと疑心暗鬼になり、投球に影響を及ぼすことになる。福本を自由にさせなかったことが、プレーオフを制した理由のひとつと言っていいでしょう」

野村が創案したクイック・モーションは瞬く間に他球団にも広まった。ほとんどのピッチャーがこれをマスターすることで〝福本包囲網〟が敷かれるようになった。

必死でクセを探した

今度は福本が考える番だ。包囲網をどう突破するか。

「いろいろと探していた時に見えてきたものがあるんです。それが（それぞれのピッチャーの）タイミングとリズム、そして時間でした」

福本は続ける。

「どんなピッチャーにも独自のリズムとタイミングがある。たとえばセットポジションから1、2のタイミングで投げるピッチャーがいる。そういうピッチャーは牽制球も同じタイミングで放ってくる。

それよりも重要なのは時間です。セットに入って、モーションを起こすまでにどのくらいボールを持つか。1、2と数えたくらいで放る人もいれば、1、2、3、4と数えるくらい長く持つ人もいる。このボールを持つ時間が一定なのは、意外とピッチャー本人も気づいていないことが多い。ここは大きな発見でしたね」

どんな人間にも何かしらクセがあるものだ。隠したつもりでも、仕草のどこかにそれは表れる。福本は盗塁を増やし始めた頃から、ピッチャーのクセを必死になって探し続けた。

「パ・リーグで一番走りづらかったのは近鉄のサウスポー神部年男さん。彼が近鉄に入った時は〝うわっ、イヤやなぁ〟と思いましたよ。というのも、社会人時代、彼とは何度も対戦しているんです。僕が松下電器で神部さんが富士製鉄広畑。同じ関西のチームで神部さんを打たないことには都市対抗に出られへんという感じでした。

当時、神部さんから走った記憶はほとんどありません。投球のリズムが一緒で牽制も巧い。まったくスキのないピッチャーでした。セットポジションからフワーッと大きなモーションに入るんですが、このフワーッがクセモノなんですよ。体が浮き上がった瞬間に牽制球がくる。こちらもつい神部さんの動作につられてしまうんです。

社会人時代から〃(つられて)浮き上がったらアカンぞ〃と何度も注意されたけど、うまくいかない。だから僕の1年遅れで神部さんがプロに入った時はイヤでしたわ。しかも、同じパ・リーグやったから。

神部さんは牽制球を投げる際、仕掛けを用意するんです。体の軸が少し前へ移動する雰囲気をわざとつくる。それを見れば本塁に放ると思うでしょう。しかし、それが罠なんです。牽制はないと思わせといてピュッと一塁へ投げてくる。これには何度も引っかかりそうになりました。そこまでは分かったんですが、スタートを切る根拠が発見できない。やっとつかんだのがカカトのクセでした。神部さんは牽制球を投げる時、軸足のカカトが大きく上がる。それで腕も一緒にフワーッと上げるから、こちらもつられてしまう。そのクセを発見してからは、牽制にひっかかることもなくなりました」

福本は自著『走らんかい!』(ベースボール・マガジン社新書)の中で、次のように述べている。

〈パ・リーグのMVPまでいただいた僕のプロ4年目（72年）の盗塁成績を調べてみると、シーズン106盗塁で失敗が25個もある。ところがサウスポーから走った数字だけに限ると、26回試みて23回成功させている。成功率は左右の投手を合わせた8割9厘から、左投手だけの場合8割8分5厘まで上がります。

神部さんという大きな壁がクリアできると、さらに走る自信になった。新しい情報を次々に得て、どんどん盗んだ。結果がついてくるから、ますます楽しくなった。プロ2年目（70年）から13年間も続けて盗塁王になれたのも、最大の難敵・神部投手がいてくれたからこそのような気がします〉

左投手だからこそコツがある

一塁ランナーが左ピッチャーから二塁を奪うのは容易ではない。セットポジションだと、マウンドからランナーの動作が一部始終見えるため、リードが大きいと牽制球が飛んでくる。スタートには注意を要する。

それでも「左ピッチャーだからこそ走れるコツがある」と福本は言う。

「左ピッチャーとは目が合います。目が合うとランナーは動きを止めます。ピッチャーからしたら目でランナーにスタートを切らせないようにしているんです。しかし、逆に言うとピッチャーと目が合った場合、まず牽制はありません。ピッチャーはランナーを見ながら速い牽制球を投げるのは苦手なようです」

右ピッチャーはセットポジションでは一塁ランナーに背を向けるため走りやすそうなものだが、牽制の達人もいる。福本が苦手としていたのが堀内恒夫（元巨人）だ。

「ランナーが出ると自らリズムを崩してしまうピッチャーが多いなか、堀内の場合、〝（牽制が）来るんちゃうかな〟とこちらが考えさせられるんです。野球は考えさせられたほうが負け。これはバッティングでも言えることですが、相手のピッチャーのリズムに合わせようとすると、〝ちょっと待てよ〟とか〝早く放ってこい〟となる。その段階でもう負けなんです。

盗塁も同じです。堀内は堂々としていてクセもないから、こちらのリズムで走れない。やっとこさクセが分かるようになってきたら、アイツ、引退して日本シリーズで対戦する機会がなかった。これは残念やったですね」

スライディングが成否を分ける

盗塁において最も大切なのはスタートだが、絶妙のタイミングで走れば、すべてセーフになるわけではない。盗塁とは文字どおり「塁」を「盗む」行為なのだから、最終的にはスライディングの巧拙が成否のカギを握る。最短距離で相手のタッチをかいくぐるようにしてベースを陥れなければならないのだ。

「盗塁はスタート、スピード、スライディングの3Sが基本。塁審には〝（野手の）タッチが早いか、（ランナーの）足がベースに着くのが早いか、それだけ見てくれ〟とよう言うたもんです。なぜなら、セーフと思ったのを、よくアウトにされたことがある。塁審に〝何でや？〟と聞くと、たいてい〝タイミングがアウト〟と答えるんです。

でも、これはおかしい。だって、そうやないですか。アウトかセーフかはタイミングやない。タッチが先ならアウトで、足がベースに着くのが先ならセーフでしょう。〝そのかわり、アウトがセーフになったこともあるやろ？〟とよく聞かれる。これは意外に少ないんです。圧倒的にセーフをアウトにされたことのほうが多かった。

際どいタイミングでセーフやったら、野手は〝アウト！　タイミングがアウト！〟と抗議しますよ。〝タッチより足のほうが早い〟とちゃんと言ってくれた塁審もいましたけどね。

何度も言いますが、アウトかセーフかはタイミングじゃありませんから」

ベースにスライディングする際、福本は横向きに足から滑り込んだ。お尻を下にして滑ると、その重みでブレーキがかかるのだ。

「僕は右足が利き足なんで、そちらで滑り、左足のつま先でベースを狙いました。最後、ベース上で勢いがつきすぎてグチャッとならないように足首とヒザを曲げてスピードを殺すのがコツです」

リードは3歩半。牽制を苦手とするピッチャーや既にクセをつかんでいるピッチャーに対しては、さらにもう半歩リードを広げた。左足でスタートを切り、スライディングで二塁に達するのが13歩目。ベースの遠目から滑りこむのが福本の特徴だった。

近年、盗塁で名を売った選手に赤星憲広（元阪神）がいる。赤星と自らの違いを福本は自著でこう述べている。

〈野球評論家になってようく見てみると、阪神の赤星も同じ13歩で盗塁している。でも、大きな違いがある。僕よりストライドが大きい分、赤星がスライディングし始める位置は、二塁ベースにかなり近くなってしまう。（中略）

ベースへ滑り込む際、足全体に大きな力がかかる。スピードは落とせんのやから、その衝撃をうまく逃がしたらなあかん。赤星のように、二塁ベースに近いところから滑っとったら、どうしても足が詰まってしまう。近すぎたら、ヒザの力も抜けません〉（同前）

走塁の不文律

走りまくる福本に対し、ついに〃禁じ手〃を用いる内野手が現れた。名ショートとして鳴らした東映の大橋穣《ゆたか》である。

「大橋さんが阪急にトレードされる前の年だから、71年のことです。僕が走ったら大橋さん、二塁ベースの手前まできて、走路上に座りこんだんです。そこで僕にタッチしようとした。要するにベースを体で隠してしまったんです。

下手にタッチを避けようとすると、僕がケガしてしまう。それで仕方なくガサッと正面から行かせてもらいました。大橋さん、確か1週間くらいケガで休んだはずです。後でチームメイトのダリル・スペンサーに呼ばれました。〃フクモト、体当たりはいいけど、野手にスパイクの歯を向けちゃいかん！〃。

スペンサーが言うには、アメリカでこれをやったら乱闘になるか、誰かがやり返されると。僕はそんなこと知らんかったから、大変勉強になりました。それからは足を上げずに低い姿勢のままスッと（ベースに）滑り込むようにしましたね」

走塁にもアンリトゥン・ルール（不文律）がある。スパイクの歯を野手に向けるのはご法度だが、スパイクでグラブを蹴り上げるのは〝合法〟だ。

スペンサーについては、こんなエピソードがある。ある日、スペンサーは「ダブルプレーを利用して1点を取る作戦を思いついた」と当時の監督・西本幸雄に進言する。

作戦の中身はこうだ。一、二塁の場面でバッターはわざと併殺コースにゴロを打つ。仮にショートゴロだった場合、相手は6―4―3のダブルプレーを狙う。この時、一塁ランナーのスペンサーがベースカバーに入ったセカンドのグラブを猛烈なスライディングで蹴り上げてボールをはじき、二塁ランナーを三塁から一気にホームへ迎え入れるというものだった。

実際、この作戦は南海相手に功を奏し、以来、節目の場面で、この作戦を使ったという。

スペンサーは語っている。

「グラウンドに出れば、存在するのは敵と味方だけだ。そして味方の勝利のためには、どんな犠牲も辞さないのが真のプロフェッショナルである」

不本意な盗塁で「世界記録」に

83年6月3日、西武球場。この日、福本は2つの盗塁を成功させ、当時、ルー・ブロック（元カージナルス）が持っていた通算938盗塁の「世界記録」を更新する。

しかし、福本にとって「世界記録」を更新した939個目の盗塁は心から喜べるものではなかった。なぜなら「三盗」だったからである。

「三盗は邪道なんです。ホンマ、あれ簡単ですもん。（三塁へ）行こうと思ったら、なんぼでも行けるんです。おそらく盗塁数は1500以上になっていたでしょう。でも簡単なので面白くない。

じゃあ、二盗と三盗では、どう違うか。二盗の場合、成功されてヒットを許したら1点という意識があるからバッテリーは警戒する。ピッチャーは3回も4回も牽制球を放ってきます。しかし、二塁に達したら、牽制してもせいぜい1回ですよ。ピッチャーが盛んにこっちのほうを見るし、野手もベースに入るから〝(牽制）あるなぁ〟とものすごく分かりやすい。

ピッチャーからすれば、ランナーが二塁にいようが三塁にいようが、ヒットが出れば1点は1点ですからね。それやったらバッターに神経を集中させたほうが得でしょう。そんななかで、三塁へ走っても自慢できません。スコアが同点とか1点負けているとか、そういう緊迫した場面なら別でしょうけど……」

この試合、阪急は6対11と敗色濃厚で最終回を迎えた。先頭の福本は四球で出塁し、内野ゴロの間に二塁へ進む。ハナッから三塁へ走る気はなかった。「新記録は次の試合でええ」と思っていた。

ところが――。

「西武の内野手がしきりに僕を牽制する。セカンドの山崎裕之とショートの石毛宏典《ひろみち》が二塁ベースに入ってきた。ピッチャーの森繁和も〝牽制の練習しとるんか？〟というくらい何度も牽制球を放ってきました。こっちは〝今日は、もう走らん〟と言うてるのにですよ。リードだってチョロチョロとしかとっていない。

しかし、あまりにもしつこいから、つい、その気になってしまった。〝そこまでやるんやったら走るよ〟と。それで三盗したんです。確か新記録達成後、僕は三塁で花束を受け取っているはずですけど、面白くなさそうな顔していたと思います。不本意な盗塁やったものですから」

三盗が邪道なら、ヘッドスライディングは禁じ手――。それが福本の持論だ。

「僕はヘッドスライディングはやりませんでした。1回やった時、首にガンと衝撃が走ったんです。それから〝ヘッドスライディングは絶対にやるまい〟と心に決めました。牽制をされても頭ではなく足から帰っていました。昔は頭から一塁に戻るとバンとミットで頭や首の部分を叩くファーストがいた。あれをやられると痛いし、ケガにつながる。足から戻ればケガする確率は低い。防げるケガは前もって防ぐのがプロやと思うんです」

そして続けた。

「少年野球でもヘッドスライディングをやらせる指導者が少なくない。〝いっぺん、自分でやってみてや。首が痛うなりますよ。その怖さを体験してください〟と僕は指導者に言うてるんです。子供がケガしたら一生が台無しになりますよ」

高校野球を見ていると、ヘッドスライディングに対し、解説者は例外なく「気迫あふれるいいプレーですね」と褒めちぎる。気持ちは分かるがケガの危険性を指摘する冷静な視座も併せ持ってほしいものだ。

2番打者の協力

ホームランはひとりでも打てるが盗塁はひとりではできない。後を打つバッターの協力を必要とする。

「僕がこれだけ盗塁できたのも大熊忠義さんのおかげ。あの人こそ世界一の2番バッターやと思います」

シーズン106個の「世界記録」をマークした時、福本の後を打つ2番バッターが大熊だった。福本とは約6年間にわたって1、2番コンビを組んだ。

「あれは106盗塁の記録を達成した後やったと思います。まだイケイケで走っていた頃ですわ。確か南海との試合で、こっちはセーフやと思ってスタートを切っているのに、大熊さんはファウルを繰り返す。それでベンチに帰った時に言ったんです。〝クマさん、あれ打たんかったらセーフや〟と。するとクマさん、珍しく怒って〝オレのタイミングではアウトや。そんなん言うんやったら、オレ、もう2番打たんわ〟と監督に頼んで打順が6番に下がったんです。

クマさんのかわりに2番に入ったのが外国人のバーニー・ウイリアムス。彼とのコンビは全然ダメでした。走ってもファウル、走ってもファウル……。もう、ただカンカラ打つだけ。僕が塁に出るとバッテリーは盗塁を恐れてストレートで攻めてくる。外国人はストレートが好きやから、こっちのことなどお構いなしに打ってくるんです。

それで、しばらくは全く走れなかった。チームも勝てなかった。この時に初めてクマさんの偉大さが分かりました。〝スイマセンでした〟と詫びを入れると〝分かったか！〟と。天狗になりかけていた僕は、思いっきり金槌で頭を叩かれた気分になりました。あれがあったから、1065も盗塁できたんやと思います」

福本の足を活かすために大熊は黒衣《くろご》に徹した。盗塁やエンドランのサインも2人で決めた。ベンチからの指示はほとんどなかった。

「たとえば僕が耳を触ったら〝盗塁します〟と。行けそうになかったら顔を触る。その場合、今度はクマさんから〝だったらエンドランにかえよう〟というサインが出る。もちろんフラッシュサイン。2人のやり取りが相手に気づかれることは、ほとんどなかったですね。

盗塁を試みるのは基本的に3球目まで。グズグズしていたら、バッターは追い込まれてしまう。よく西本さんから〝盗塁しても2ストライクからじゃバッターは勝負できんやろ。次のバッターのことも考えんか!?〟と叱られました。ただ、追い込まれてもクマさんは右打ちもバントもできたから、僕は随分、助けられました。いい2番バッターがいないと、いいトップバッターは育たんということですよ」

冒頭で述べたように、福本が持つ盗塁記録は日本プロ野球におけるアンタッチャブルレコードである。その一方で福本は歴代最多の盗塁死（299個）を記録している。このワーストレコードも、おそらく今後、更新されることはないだろう。この向こう傷こそは稀代の走り屋の勇気の代価だった。

2番◉セカンド

東北楽天ゴールデンイーグルス

松井稼頭央

KAZUO MATSUI

”当て逃げ“で満足しちゃいけない。
左右でしっかり振り切れる
土台を作り、
長打も打てるのが理想

松井稼頭央（まついかずお）
1975年、大阪府出身。
PL学園高から、
94年にドラフト3位で西武ライオンズ入団。
高校までは投手だったが、
プロ入り後は内野手へコンバートされ、
スイッチヒッターにも転向。
04年～10年はメジャーリーグでプレーし、
11年より東北楽天へ移籍。

●

MVP：1回（97年）
盗塁王：3回（97～99年）
ベストナイン：7回（97～03年）
ゴールデングラブ賞：4回（97～98年、02～03年）

日本を代表するスイッチヒッター

左右両方の打席で打つバッターのことをスイッチヒッターと呼ぶ。一般的に左ピッチャーに対しては右打席、右ピッチャーに対しては左打席に立つ。

日本を代表するスイッチヒッターと言えば、現役で真っ先に名前があがるのが２０１１年から東北楽天でプレーしている松井稼頭央だろう。

94年にＰＬ学園高から西武に入団。持ち前の俊足をいかすため、スイッチヒッターに転向した。

西武時代のキャリアハイは02年のシーズン。１４０試合にフル出場し、打率３割３分２厘、36本塁打、87打点、33盗塁の好成績を残した。

海を渡る前のＮＰＢ（日本野球機構）での松井の通算成績は１１５９試合に出場し、１４３３安打、１５０本塁打、５６９打点、３０６盗塁。タイトルは盗塁王３回（97〜99年）、最多安打２回（99、02年）。ベストナインには７回（97〜03年）選ばれている。

03年オフ、ＦＡ権を行使してニューヨーク・メッツに入団した。開幕ゲームのアトランタ・ブレーブス戦で、メジャーリーグ史上初となる新人の開幕戦初打席初球本塁打を記録した。しかし故障や失策の多さもあり、翌シーズンよりショートからセカンドにコンバートされた。

メッツ時代は1年目こそ114試合に出場したが、2年目は87試合に減り、3年目、シーズン途中でコロラド・ロッキーズにトレードされた。07年、ロッキーズはワイルドカードから勝ち上がり、チーム史上初のワールドシリーズに進出した。松井はシーズン中盤からセカンドに定着し、2割8分8厘、32盗塁と活躍した。

08年、ヒューストン・アストロズに移籍。規定打席不足ながらメジャーリーグでプレーしたなかでは自己最高の打率2割9分3厘をマークした。しかし10年は開幕から不振に陥り、5月には解雇通告を受けた。

メジャーリーグ7年間の通算成績は630試合に出場して615安打、32本塁打、211打点、102盗塁。10年のシーズンを最後に米国を去り、楽天と2年契約を結んだ。

最初は内角が怖かった

松井は高校時代はピッチャーだった。右投げ右打ち。ドラフト3位で西武に入団後、強肩俊足をいかすためショートにコンバートされた。スイッチヒッターに転向するきっかけは2年目、打撃コーチをしていた谷沢健一の一言だった。

「カズオ、右で振ったら左も振っとけよ」

言われるまま左でスイングする。

「カズオ、いいスイングしてるね。左でもやってみたら……」

しかし、松井には本格的に左打ちを練習する時間がなかった。

「プロ入り2年目といえば1軍に上がったばかり。守りの練習で精一杯で、左打ちの練習なんかしている余裕がなかった……」

正式にスイッチヒッター転向が決まったのは2年目のシーズンが終わった頃だ。松井たち若手はウインターリーグでハワイに行った。

旅立つ前、打撃コーチに就任したばかりの土井正博にアドバイスされた。

「4打席あったら、1打席でもいいから左で打たせてもらえ」

しかし、松井はウインターリーグの途中で腰を痛め、一足早く帰国の途についた。

「帰ってからは土井さんに教わりながらマシンを打ち込みました。とにかくどんどん打たされた。僕は右対右も決して嫌いではなかった。だけど（95年の）打率を見れば、左ピッチャーには3割近く打っていたのに対し、右には1割くらいしか打てなかったんです。〝10回（左）打席に立って、2回ぐらい内野安打が出れば、今よりも打率はよくなるぞ〟と。左で打って三遊間に持っていけると確かにヒットになる確率は高い。それからです。左打ちの練習を本格的に始めたのは……」

最初のうちは内角のボールが怖かった。左打席からの風景は右打席のそれとは全く違っていた。恐怖心を取り除くために土井が取り入れたのがテニスボールを使っての練習だった。

「真ん中のコースでも怖い。そこで土井さんが投げるテニスボールをよける練習から始めたんです」

その練習を手伝ったのが当時の監督・東尾修である。

「スイッチで左打席に入ったときは、利き腕の右手が前にきますよね。そこで、右ヒジにデッドボールを当てられてケガをすると、まともにスローイングができなくなってしまう。だから僕が打撃投手を務め、稼頭央はプロテクターをつけて内角球を避ける練習ばかりしていました」

こうした独特の練習の甲斐あって、松井は96年、プロ入り3年目でレギュラーに定着。130試合にフル出場して、打率2割8分3厘、50盗塁という好成績を残した。

過去、日本におけるスイッチヒッターといえば、高橋慶彦、山崎隆造、正田耕三に代表されるように足をいかすための転向が主流だった。しかし、松井の理想は二塁打、三塁打を量産できる中距離ヒッターだった。「二塁打、三塁打の延長がホームランになればいい」と考えていた。

〝右〟と〝左〟で人格を変えろ！

須藤豊が西武のヘッドコーチに就任したのは3年目のオフだった。その教えは新鮮だった。

「右は右、左は左。人格を変えなさい」

それを口を酸っぱくして言われた。

「最初は〝エッ!?〟という感じでしたね。〝右と左を一緒にしちゃダメだ〟と言うんですから……」

須藤はいったい、松井に何を授けたかったのか。

「僕が巨人の2軍守備コーチをしている時、レジー・スミスが米国からやってきた。〝右と左では人格を変えろ〟というのは実はレジーの教えなんです」

レジー・スミスについて説明しておこう。通算314本塁打のメジャーリーグを代表する強打者。スイッチヒッターとしてはミッキー・マントル（536本）、エディ・マレー（504本）、チッパー・ジョーンズ（454本）、ランス・バークマン（358本）、チリ・デービス（350本）に次ぐホームラン数を記録している。

83年に巨人に入団し、故障がちながら28本塁打を放って、チームのリーグ優勝に貢献した。84年を限りに39歳で現役を引退した。

再び須藤。

「僕はレジーに〝スイッチヒッターで一番大切なのは何か？〟と聞いた。するとレジーはニヤッと笑って言いました。〝おいスドウ、いい質問するな〟と。そしてレジーは続けた。〝右と左では切り換えなきゃいかん〟と。〝それは人格を変えることか？〟と聞くと〝そのとおりだ！〟と言うんです。

右でダメなら左、左でダメなら右。このように逃げ場をつくっていてはダメ。右は右、左は左での打法を完成させなければならない。そのことをカズオに言いました。彼は〝右は大丈夫ですけど、左はアホです〟と言っていました。要するに右はずっ

とそれでやっているから、打席でいろいろと考えられる。しかし、左打席では考えて打つ習慣がないから1球目から行きます、と。

そう言えば、こんなことがあった。デーゲームが終わると何やらソワソワしている。彼女ができたようなんです。ある日、4タコ（4打数ノーヒット）に終わった。にもかかわらず練習もせずにデートに出かけて行った。

それで僕は言いました。〝子供の頃に『宿題は家に帰ってからやる』と言って遊びに行き、家に帰ってきて本当にやったことがあったか？〟って。〝ないだろう？　オレもない〟と。〝それよりも、ちゃんと練習をして悪いところを修正してから彼女と会った方が楽しいぞ〟と。そう言うと、ちゃんと彼は聞いてくれましたよ。それからはゲームで打てなかったら寮の隣の練習場で打ち込んでからデートに行くようになりましたね」

スイッチヒッターのメリット

スイッチヒッターが有利な点として、松井は「対角にボールが入ってくる状況を常につくり出せる」ことをあげた。右ピッチャーに対しては左打席、左ピッチャーに対しては右打席に入るのだから、それは当然だ。

では、どういう構えがいいのか。松井は右ピッチャーに対しては左中間方向、左ピッチャーに対しては右中間方向に前の肩を向ける。これだと前の肩が開かないというのだ。

「右ピッチャーが投げる際に、ボールがセンターのバックスクリーンの方から来ることはまずない。どちらかというと左中間方向から手が出てきます。同じように左ピッチャーの場合、手は右中間方向から出てくる。そのボールを打ち返そうと思ったら、ピッチャーに正対するより、ちょっと左中間方向、ちょっと右中間方向に肩を向けた方がいい。それでちょうど打球はセンターに飛んでいくイメージです」

松井が非凡なのは、年々パワーを増していったところだ。プロ入り6年目の99年、初めてホームランを2ケタ（15本）に乗せると、23本、24本、36本、33本と量産を続け、日本人スイッチヒッターとしては最もパワーがあると言われた松永浩美でさえもできなかったホームラン30本台を2度も記録している。米国では出番が減ったが、それでも09年には9ホームランをマークしている。

長打のスイッチが多い米国

打球を遠くへ運ぶためには右打席なら右手、左打席なら左手でボールを押し込む力が必要である。とりわけ11年から導入された統一球のような〝飛ばないボール〟は、後ろの手による押し込みがなければ飛距離を得ることはできない。

「スイッチで成功しようと思うなら小さい頃から始めた方が有利」

そう松井は言い、続けた。

「僕はプロになってスイッチに転向した。左の方が不慣れなものだから、どうしても練習は7（左）対3（右）くらいの割合になる。これはよくない。本当は両方、同じくらいの数を振らなければならないんです。

これからスイッチを目指す選手に言いたいのは、不慣れな打席でも振り切って欲しいということ。左打席で三遊間にゴロを打てば確かにヒットは増えますが、それではおもしろくない。振り切って右中間にライナー性の二塁打、三塁打を打てるようになって欲しい。その延長がホームランになれば、なおうれしいですよ。

だから大きく振って欲しい。小さく振っていて、大きく振るのは難しいんですが、大きく振っていて小さなスイングに変えるのは意外に簡単なんです。不慣れな打席でも空振りを恐れちゃいけない。

スイッチに転向すると、最初はどうしても〝当て逃げ〟になっちゃいますが、そういうヒットで満足しちゃいけない。しっかりとバットを振り切れる土台をつくり、やがては両方の打席で大きいものが打てる。これが理想ですね」

メジャーリーグでは強打のスイッチヒッターは珍しくない。近年、最も代表的なスイッチヒッターと言えば、アトランタ・ブレーブスのC・ジョーンズだろう。先述したように通算454本塁打はスイッチヒッターでは歴代3位。通算打率も3割を超えている（3割4厘）。アストロズで松井のチームメイトだったバークマン（現セントルイス・カージナルス）はシーズン40本塁打以上を2度、100打点以上を6度もマークしている。

ニューヨーク・ヤンキースのマーク・テシェイラもコンスタントに好成績を残す強打者。09年には39ホームランで自身初のホームラン王に輝いている。

ややピークは過ぎた感はあるものの、カージナルスのカルロス・ベルトランはプロになってから右打ちからスイッチヒッターに転向した。通算302本塁打、293盗塁。文字どおり強肩強打俊足の外野手だ。

なぜ米国には長打力を誇るスイッチヒッターが多いのか。

米国の野球にも精通している須藤は語る。

「米国にはハングリーな選手が多い。競争社会を勝ち抜いてメジャーリーグに上がろうと思えばチャンスをいかすしかない。幸いスイッチヒッターなら、ピッチャーが代わったからといって代打を送られるケースは少ない。右打ちや左打ちに比べて、スイッチヒッターの方がチャンスが多いのは事実だろうね」

送球はメジャー級

松井をレギュラーに抜擢したのは、当時の監督・東尾である。足と肩は〝ダイヤモンドの原石〟揃いの西武にあっても、ズバ抜けていた。

東尾の回想。

「千葉ロッテのボビー・バレンタイン監督が彼を見て〝誰とでもいいからトレードしてくれないか〟と頼みに来たことがあった。足は速い、肩は強い。そのままピッチャーをやっていても1イニングくらいは抑えられたんじゃないかな。マックスで150キロは超えていましたよ」

須藤も松井の強肩ぶりには仰天した記憶がある。

「あんな肩、見たことないね。巨人でコーチをやっている頃、河埜和正という強肩のショートがおったけど比べものにならなかった。なにしろカズオはスナップスローで、速くて正確なボールを投げることができるんだ。まるでメジャーリーガーのようだったね」

しかし、フィールディングには難があった。須藤によれば「グラブを出すタイミングが遅い」のだ。

「まぁ、元々ピッチャーやってたから無理もないんだけど、基本ができてなかった。ゴロがくると腰高で捕ろうとするんだ。捕球の準備ができていない。

当時、西武は高知の春野でキャンプを張っていた。宿泊している三翠園という旅館のロビーで僕がボールを転がす。カズオがそれを拾ってスナップスローの体勢に入る。グラブは下から上への動きが基本。これを毎日、繰り返しやりました」

その頃、パ・リーグには〝牛若丸2世〟の異名を取る守備の名手がプロ入りした。ロッテの小坂誠である。

松井は小坂の動きを手本にした。

「小坂さんのフィールディングは本当にうまかった。いったい、どんな動きをしているのか、ノックの最中、ずっと目で追っていました。それにプラスして自分にしかできないプレーは何か。それをずっと模索していました」

広い守備範囲に強肩。97、98年と2年連続で松井はゴールデングラブ賞に選出された（02、

03年も受賞)。

しかしメジャーリーグでは、先述したように2年目にショートからセカンドにコンバートされる。1年目には相手ランナーのスライディングを受け、左すねを負傷した。松井は翌年の6月にも、スライディングの際に左ヒザを狙われた。

相次ぐ日本人内野手のケガ

メジャーリーグで日本人内野手の負傷が相次いでいる。09年5月には岩村明憲(当時タンパベイ・レイズ、現楽天)がフロリダ・マーリンズの選手から危険なスライディングタックルを受け、「左ヒザ前十字靭帯断裂」(のちに部分断裂と判明)という重傷を負った。そして、11年の4月にはミネソタ・ツインズの西岡剛が併殺プレーの際に、スライディングで左足をさらわれ、左すねの腓骨《ひこつ》を骨折。約2カ月半にわたって戦線離脱を余儀なくされた。

なぜ日本人内野手には受難が続くのか。

「僕の場合は明らかにヒザを狙われました。剛の場合、捕球の際に一塁走者に対して横を向くかたちになっていた分、逃げ場がなかった。アキ(岩村)の場合は、どうしようもなかった。足の甲を踏まれ、乗っかかってこられましたからね。これは防ぎようがなかった。

アメリカには〝ベースが防御してくれる〟という教えがあるんです。要するに（二塁）ベースの前に出るとやられる。僕がメッツでヒザをやられた時もそうでした。ベースの前でボールをさばいていたのでやられましたね。ジャンピングスローをした瞬間、ヒザ目がけてぶつかってきました」

メジャーリーグの内野手は併殺の際、低い矢のようなボールをファーストに送る。あれは走者に対する威嚇の意味も込められているのではないか。もし走者の顔に当たっても、それはスライディングを仕掛けてくるアナタのせいですよ、と。

「それはそうですね。基本は上から放るんですけど、低い位置でボールを受けたら、そのまま投げます。向こう（のランナー）は避けてくれないから、こっちも狙う時がありますよ。スライディングの速いヤツとかは、こっちも低く速く放らなければアウトにできない。ただ誤解なきように言いますが、わざと当てるわけじゃない。（一、二塁間の）ラインに入ってくる相手が悪いんです。当たった方が悪い。そのくらいの気持ちでやらないと、こっちがやられちゃいます」

足の運びが逆

帰国後、チームメイトとなった岩村が興味深いことを言っている。日本の内野手が左足を前にしてボールを処理するのに対し、米国では右足を前にしてさばくのが基本というのだ。

この違いはどこからくるものなのか。

「日本の球場は人工芝が多い。全体的にイレギュラーバウンドが少ないから、左足の前で捕って送球する方が簡単なんです。しかしアメリカの球場はほとんど土か天然芝だから、右足を前にして捕って、強い肩やスナップをいかしてファーストに送球する。

アメリカの内野手はボールを捕ったら、すぐにファーストを向く。そのためには右足を前にして捕った方が楽なんです。次に左足を出しやすいですからね。でも僕の場合、左足の前で捕るとか右足の前で捕るというイメージはない。どんなボールに対しても常に真ん中で捕るというイメージでやっています」

逆シングルでの捕球が多いのも米国の特徴だ。日本では逆シングルというと、三塁線の打球にサードが追いつく際、あるいは三遊間の打球をショートが処理する際の捕球方法というイメージがあるが、米国では正面の打球でも、このテクニックが使われることが少なくない。

これについての見解はどうか。

「たとえば、日本だと三遊間の打球に対してもショートはなるべく体の正面で捕ろうとする。でも、あれをやると投げる際、肩やヒジに負担がかかるんです。それに下半身が使えないから、どうしてもワンバウンドの弱い送球になってしまう。

これに対し、逆シングルでさばくと、その後の動きがスムーズなんです。相手が足の速い選手だったら、これはもう絶対に逆シングルですよ。正面でさばいていたのでは間に合わないですね」

帰国後、古巣のショートに戻り、水を得た魚のようにいきいきとプレーしている。

「アメリカで6年間セカンドを守っていたものだから、ショートに戻った時には〝あれ、ショートってこんなに動くんだっけ〟とビックリしました。これが当たり前なんですけどね（笑）」

サバンナで獲物を狙うヒョウのような動きを見せてこそ松井稼頭央である。

3番◎レフト

元ヤクルトスワローズ監督

若松 勉

TSUTOMU WAKAMATSU

両足の親指でぐっと踏ん張る。
特に重要なのが前方の足の親指。
そしてインパクトの瞬間、
後ろの足の親指で蹴り出します

若松勉（わかまつつとむ）
1947年、北海道出身。
北海高から、電電北海道を経て、
71年にドラフト3位でヤクルトアトムズに入団。
翌年、首位打者を獲得。
78年、セ・リーグMVPを獲得するとともに、
球団初の日本一に貢献。
89年の引退までヤクルト一筋で過ごした。
その後、ヤクルトでコーチ、監督を歴任。
2001年にリーグ優勝と日本一へ導いた。
09年に野球殿堂入り。

●

MVP：1回（78年）
首位打者：2回（72、77年）
ベストナイン：9回（72〜74年、76〜80年、84年）
ゴールデングラブ賞：2回（77〜78年）

バレンティンを覚醒させる

舶来の大砲に当たりはずれは付き物だが、2011年の〝うれしい誤算〟の筆頭は東京ヤクルトのウラディミール・バレンティンだろう。

07年から09年にかけてシアトル・マリナーズでプレー。「イチローのチームメイト」という触れ込みで入団したが、オープン戦では打率2割5厘とさっぱりだった。

「バッティングコーチもお手上げだったみたいですよ」

苦笑を浮かべてヤクルト元監督の若松勉は語り始めた。

「何かアドバイスしてくれというものだから、僕はこう言いました。〝日本のピッチャーはズル賢いからキミの弱点を突いてくるよ。たとえばインサイドにシュートがきたら、次はアウトコースにスライダー、あるいはボール気味のカーブといった具合にね〟と。で、〝それを打とうと思ったら引っかけないで右中間方向に狙わなくてはいけない。これができないと日本で長くプレーすることはできないよ〟と」

若松のアドバイスがきいたのか、バレンティンは打率2割2分8厘ながら31本塁打を放ち、ホームラン王のタイトルを獲得した。バレンティンに引っ張られるように、チームも前半戦はセ・リーグの首位を快走した。

チャーリー・マニエル、デイヴ・ヒルトン、ジャック・ハウエル、ドゥエイン・ホージー、ロベルト・ペタジーニ、アレックス・ラミレス（現横浜ＤｅＮＡ）……と、ヤクルトが優勝した年には、必ず強打の外国人がいた。バレンティンもその系譜に加わるのだろうか。

年賀状で直訴した青木

12年よりミルウォーキー・ブルワーズに移籍する青木宣親《のりちか》も、若松の教え子だ。ヤクルト時代は３度、セ・リーグの首位打者に輝いた。

青木は04年、早大からドラフト４巡目で入団した。１年目はファーム暮らし。１軍の試合で打ったヒットは、わずか３本のみ。それでもファームでは３割７分２厘の好打率を残し、潜在能力の高さを示した。

「来年こそ勝負！」

そう、心に誓った青木は、ある行動に打って出る。当時、監督をしていた若松に出す年賀状に自らの思いのたけをぶつけたのだ。

〈必ずチームに貢献します〉

普通の選手なら、せいぜい書いても〈今年も頑張ります。よろしくお願いします〉という程度だろう。しかし青木は違った。「オレを使ってくれ!」と事実上の直訴に及んだのだ。

プロ野球は身分社会である。実績のない2軍選手が1軍の監督と口をきく機会なんて、そうそうあるものではない。ならば年賀状しかない。青木はそう判断したのだ。

「あのとき(のチーム)はセンターが固定されず、ライトも稲葉篤紀さん(現北海道日本ハム)がFAで出て行ったので、外野のポジションが2つ空いていた。試合に出るには、このチャンスを生かすしかないと思った。幸い僕は盗塁もできるし、ファームで首位打者をとったことでバッティングにも自信がついた。もうオレしかいないだろう。そんな思いでした」

青木の必死のアピールは指揮官の心にしっかりと届いた。

「こんな選手は初めてだ。よし1年間、青木を使ってみるか」

若松は決意を固めた。

その期待に、青木は見事に応えた。セ・リーグ史上最多(当時)の202安打を放ち、打率3割4分4厘で首位打者を獲得してみせたのである。

このあたりの経緯を若松はこう話す。

「1年目はまだ体の線が細く、インサイドのボールに振り遅れていた。全部左方向に打つんです。ライト方向に引っ張り切れない。それで〝1年間ファームで体つくってこい〟と命じて、ファームでガンガン鍛えさせた。その年のオフにもバットを振り込ませ、苦手だったインサイドを打てるようにさせました。本人から届いた年賀状を今でも僕は持ち歩いているんです。この前、青木にも見せましたよ」

実は青木がブレイクしたこのシーズン、若松は彼を開幕からスタメンで起用したが、最初はなかなか結果が出なかった。それでも我慢して使い続けたのは「バットコントロールが並みではなかったから」だ。

「あれは持って生まれたセンスでしょうね。ワンバウンドになりそうなクソボールをコーンと打ったりするんだから。ボク並み？　いや、それ以上ですよ」

レベルスイングの効用

球界にはバットを上から振り下ろすことを最良とする〝ダウンスイング信仰〟なるものが未だに幅を利かせる。これは〝V字型〟のスイングで、いわばボールを点でとらえ、強烈なインパクトを与えることで打球に力強さを生む。

難点はバットの芯でボールをとらえる確率が低いこと。特にカットボールやツーシームなど打者の手許で変化するボールを持つピッチャーに対しては対応が容易ではない。

最近の野球は変化球全盛である。ひとりのピッチャーが最低でも3種類、多いピッチャーになると5、6種類の変化球を投げ分ける。手許で急に落ちたり曲がったりするボールを「点」で仕留めるのは至難の業だ。

青木も結果が出ず、人知れず悩んでいた。そこに助け船を出したのが、当時、チームの先輩だった古田敦也だ。

「オマエ、なんで打てないかわかっているか?」

「………」

「バットをフラットに振ってないからなんだよ」

このひと言で青木は打法改造を決意する。スイングを〝V字型〟からフラットな状態でバットが推移する時間の長い〝逆台形型〟に改めたのだ。

これだと手許で落ちたり曲がったりするボールに対しても、しっかり対応することができる。先述したように〝V字型〟がボールを「点」でとらえるのに対し、〝逆台形型〟はボールを「線」でとらえるという言い方もできるだろう。新フォームをマスターすることで青木は日本を代表する巧打者に成長したのである。

本稿の主人公である若松もレベルスイングの支持者である。

「これだとバットの先に当たっても根っこに当たってもヒットコースに飛んでいく。バットは肩のあたりから水平に回っているというイメージですね」

いかに若松のバットコントロールがすぐれていたかは日本プロ野球通算打率10傑（4000打数以上）が余すところなく示している。

1位　レロン・リー　3割2分　4934打数1579安打
2位　若松勉　3割1分9厘　6808打数2173安打
3位　張本勲　3割1分9厘　9666打数3085安打
4位　ブーマー・ウェルズ　3割1分7厘　4451打数1413安打
5位　川上哲治　3割1分3厘　7500打数2351安打
6位　小笠原道大　3割1分3厘　6566打数2057安打
7位　与那嶺要　3割1分1厘　4298打数1337安打
8位　落合博満　3割1分1厘　7627打数2371安打
9位　和田一浩　3割9厘　5243打数1619安打
10位　レオン・リー　3割8厘　4667打数1436安打

若松の打撃成績を丹念に見ていて驚くのは、19年間の現役生活で3割を割ったシーズンがたった2回（規定打席以上、75年＝2割9分1厘、86年＝2割7分5厘）しかないことである。

身長166センチ、北海道出身。小柄で寒冷地出身という2つのハンディキャップを抱えながら、いかにして彼は球界を代表する〝安打製造機〟となったのか。

小柄ながら野球部へ

若松は北海道留萌《るもい》市の生まれである。父親の竹四郎はノンプロの名門・函館オーシャンの選手だった。野球の他にスキーのクロスカントリーもやっていて国体に出るほどの腕前だったという。

若松も父親の影響を受け、幼い頃から野球とスキーに親しんだ。小柄だが運動神経は抜群、センスも光っていた。地元の留萌中では野球部に所属したものの、入部するのは一苦労だった。なんと身長制限が設けられていたのだ。

「入部する前、一列に並ばされた。当時、留萌中では背の低い子供は野球部に入れなかったんです。ところが同じ国鉄官舎に住んでいた先輩が〝オマエ、いいから、こっちに来いよ〟といって僕を（背の高い人の中に）引き入れてくれた。もし、あの先輩がいなかったら、僕は野球を続けていなかったかもしれない……」

北海道の高校野球といえば北海高である。地元の野球少年にとっては憧れの強豪だ。

「留萌管内の北海高のOBがウチの中学にピッチャーを探しにきていた。しかしいいピッチャーがおらず〝野手だったら小柄だけど足が速くていいのがいるよ〟となったらしい。それで3年の冬休みに、先生と一緒に北海高の練習を見に行った。真冬でもランニングやキャッチボールをやるなど、練習はハードに見えました。しかし、できたらこんな学校でやってみたいな、という思いが芽生えてきたのも事実です」

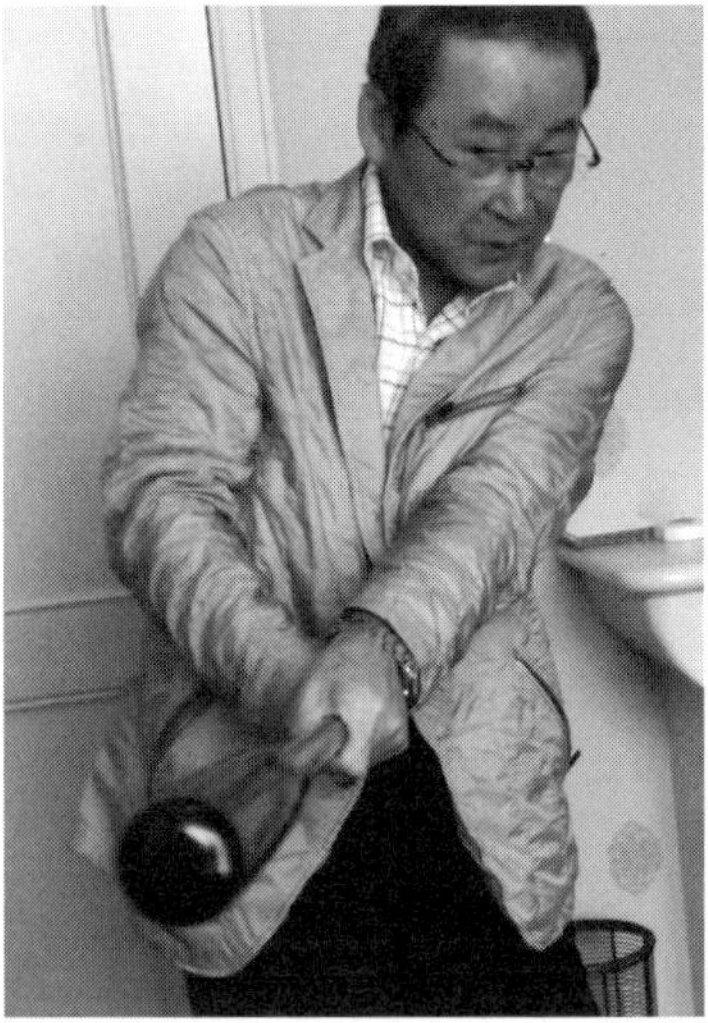

北海高は北海道きっての強豪ということもあり、1年生部員だけで150人もいた。いくら若松が俊足巧打の左バッターとはいえ、レギュラーになるのは容易ではなかった。

「最初は球拾い。あの頃、北海高のグラウンドにはまだフェンスがなかった。道路をはさんで、すぐに民家があった。先輩が結構、飛ばすものだから、僕ら1年生の最初の仕事はフェンス代わりになることでした」

晴れてレギュラーになったのは2年の春。左利きのファーストがピッチャーになり、セカンドがファーストに回った。空席となったセカンドを射止めた。

2年の夏、北海は南北海道大会を勝ち抜き、甲子園出場を決めた。しかし、この年、若松は甲子園の土を踏むことができなかった。

「甲子園出場が決まり〝さぁ行こう！〟という時に気管支炎になってしまったんです。病院では〝休まないとダメだ〟と言われ、田舎（留萌）に帰った。その間、ずっとハリ治療を受けていました」

気管支炎の次は骨折だ。3年夏の道予選を前にして、練習中、左足首を骨折してしまったのだ。南北海道大会決勝の相手は美唄《びばい》工。骨折が癒えたばかりの若松は痛みの残る左足を保護するため、この足だけは運動靴をはいていた。とても全力で走れるような状態ではなかった。

だが、甲子園への夢が痛みを忘れさせた。2対1と1点リードの場面で、なんとホームスチールを成功させたのだ。それくらい足には自信があった。念願かなって出場した甲子園でも若松は走りまくっている。初戦で佐賀商と対戦し3対8で敗れたものの、若松は4打数1安打ながら4盗塁を決め、その俊足ぶりをいかんなくアピールした。

プロ入りから逃げていた

卒業後は社会人野球の電電北海道へ。1年目は主にセカンドとサードを守り、2年目から正式に外野へ転向した。社会人野球の華である都市対抗野球には4度出場したが、67、68年は北海道拓殖銀行、69、70年は大昭和白老《しらおい》と、いずれも補強選手としての出場だった。

この頃の若松は、持ち前のスピードに加えパンチ力を売り物にしていた。社会人最後の年の全国産業別野球大会に出場した時は、決勝までに5本のホームランを放っている。

それでもプロは遠い世界の話にしか感じられなかった。

「あそこへは体の大きい人しか入れないと思っていましたから……」

ところが、である。70年のドラフトでヤクルトから3位指名を受けたのだ。若松は困惑した。

「実はドラフトの前に会社の納会があり、そこで〝プロに行っても通用しないし、もう、このままノンプロでやらせてもらいます〟と言ってしまったんです。そこまで言い切ったものだから、こりゃ困ったことになったと……。だからスカウトが訪ねてきても逃げていました」

このあたりの経緯は、当時のヘッドコーチで、後に若松のバッティングに多大な影響を与えた中西太が詳しい。

「(当時のヤクルト監督)三原脩《おさむ》さんの教えは〝ひとりの選手をつくることからチームづくりは始まる〟というものでした。〝おい、若松ってどんな選手だ？〟とスカウトに聞くと〝体は小さいけど闘志があって『おい、行け！』と言ったら、すぐ行くような選手〟だって。それで〝よし、獲ろう〟ということになったんです」

当時、プロ野球界では寒冷地である北海道出身の選手は珍しかった。

「しかも、もう結婚しとるんだよ。それで(契約金で)800万円出そうということになったんですが、本人のアパートに行っても新聞がたまっとって家に帰った形跡がない。

プロ入りから逃げていたんだ(笑)。で、長所は何かと聞くと〝スキーが得意だ〟と。ほう、これはモノになると思いましたよ。だってスキー選手って日頃から内転筋を鍛えるトレーニングを積んでいるでしょう。〝オマエ、この力を利用しない手はないぞ〟と。それから毎日のように内転筋を鍛えるトレーニングをやらせましたよ」

――もっと具体的に言うと？

「両足でベースをはさみ込むんです。これなら野球をやりながらできる。あとは相撲の四股、鉄砲。あれは内側から外に向かって力を出していく。このようにいいと思えることは何でもやりましたよ」

あみだした「親指理論」とは？

中西太といえばホームラン王に5度、打点王に3度、首位打者に2度輝いた「戦後最強打者」のひとりである。確実性とパワーと勝負強さを備えた非の打ち所のないスラッガーだった。しかし、59年に近鉄の鈴木武に右足首をスパイクされ負傷、翌年には腱鞘炎を患い、全盛期は53年からの6年間と短かった。

引退後はバッティングのスペシャリストとして指導にあたり、首位打者を2度獲得した若松を筆頭に、掛布雅之、石井浩郎《ひろお》、ラルフ・ブライアント、岩村明憲（東北楽天）ら数多くの強打者、巧打者を育て上げた。

その中西が春のキャンプでルーキー若松にかけた最初の言葉がこれだった。

「今のままだとプロでやっていくのは難しいぞ。まず構えが大きすぎるし、バットが遠回りしている。それじゃあ、遅いボールは打てても速いボールはなかなか打てんのじゃないか」

中西流バッティング理論の根本は「内から外」である。体の内側に溜めた力をインパクトの瞬間、一気に解き放つ。この打法を可能にするためには下半身、とりわけ内転筋を鍛えなければならない。

だから中西は若松をこう諭したのだ。

「プロでメシを食っていくつもりなら、もっとボールを引き付けて、下半身で打つようにしないと……。しっかり下半身を鍛えれば、必ず体の大きい選手に負けない強い打球を飛ばせるようになる」

中西と若松のマンツーマン・トレーニングが始まったのは、それからである。

若松は中西の指導を仰ぎながら、自分なりの工夫も怠らなかった。それを具現したのが「親指理論」である。

ここで若松の打撃理論に耳を傾けたい。

「いくら内転筋、内転筋といっても、そこだけ鍛えても効果がない。僕は内転筋を支えるのは両足の親指だと考えました。バッティングにおいてステップする時、両足の親指でぐっと土を噛み、踏ん張らなくてはならない。特に大事なのが前方（投手側）の足の親指ですね。

僕の場合、左打ちですから、踏み込んだ右足の親指が重要になる。かかとを上げ、右足の親指で支える。そしてインパクトの瞬間、今度は後方の足の親指で（ピッチャーに向かって前方に）蹴り出すんです」

ヒザや腰はどのように使うのだろう？

「ヒザは絞り気味で構えたほうがいいですね。下から伝わってきた力を利用して、腰を素早く切る。その時、バットはあまり体から遠ざけない方がいいですね。いわば切腹するような感じでグリップを（腹の近くで）回す。これだとインサイド・イン、インサイド・アウトのスイングができます」

ステップの幅は変えてはならない

バットをコントロールする上で大切なことは？

「手首の返しでしょうね。（左バッターにとって）右は引っ張る手、左はボールを飛ばす手なんですが、打った瞬間に手首が返っちゃうとボテボテのゴロになってしまうんですね。だから手首は無理に返さないほうがいいでしょうね。

左手で大事なのは人差し指の第2関節です。おそらく人間の指の力では、ここが一番強いんじゃないでしょうか。だからインパクトの瞬間、僕はここにグッと力を入れることを心がけていました」

プロでも「トップの位置が決まらない」と悩んでいるバッターは少なくない。

「確かに僕のもとにも〝トップの位置はどうですか？〟と聞きにくるバッターが多い。でも、そのことはあまり意識しなくてもいいと思うんです。普通に構えてステップすると、自然にトップの位置が決まる。ここで大切なのは自分のステップの幅は絶対に覚えておかなくちゃいけないということ。要するにステップの幅を覚えていないからトップの位置も決まらなくなるんです。

僕の場合は、ステップの幅はおよそスパイク（を横に並べた）２足分ですね。ちょうど、これが肩幅と同じくらいになります。あまりステップを広くとりすぎると、安定感は出ても腰の回転が鈍くなる。これは避けなければなりません」

最近はセントルイス・カージナルスのアルバート・プホルスに代表されるノーステップ打法が流行っている。

「あれはあれでいいと思います。目線がブレませんからね。バッティングにおいて体の上下動が何よりもダメなのは目線がブレてしまうからです。パワーのあるバッターは、あれでいいと思います。ただパワー不足のバッターは、あれでは打球が飛ばないでしょう」

チェックすべきはバットの音

スイングスピードとバットコントロール。小柄な若松は、これに磨きをかけない限りプロでは生きていけないと考えた。速くバットを振ることができれば、それだけボールを長く待てる。球種やコースを見極める時間が長ければ、当然のことながらミスショットも少なくなる。

これに卓抜のバットコントロールが加われば、もう鬼に金棒だ。ピッチャーは投げるボールがあるまい。しかし、こうした技術は一朝一夕に身につけられるものではない。

「まずバットスピードですが、これは振り込むしかないですね。はい、バッターは振り込んだ者が勝ちです。その時、チェックすべきはバットが風を斬る音です。ブーンやビュージゃダメです。ピュッという音が出たら僕は〝しめたもんだ〟と思っていました。自分の調子がいいか悪いか、それは素振りの音を聞けば、大体分かりました。

続いてバットコントロールですが、素振りの時、同じ場所を振ってもダメですね。僕はストライクゾーンを3×3の9つに分け、〝今度はインハイだ〟〝次はアウトローだ〟と意識してやっていました。この練習は、ちょっと工夫すれば、どこでもできます。たとえば公園に行くと原っぱがありますよね。草の葉先をアウトローに見立てる、あるいは駐車場に行くとコンクリートの壁がある。そこにチョークで3×3のストライクゾーンを描く。変化球については頭の中でイメージしながらバットを振っていました」

個人的に忘れられないのは、77年に記録した2試合連続代打サヨナラ本塁打だ。この年、若松は3割5分8厘の好打率で巨人・張本との争いを制し、自身2度目の首位打者に輝いている。30歳と年齢的にも脂が乗っていた。

6月12日、神宮での広島戦。延長10回裏、2対2の場面で脇腹を痛めていた若松に出番が巡ってきた。痛めた箇所が箇所だけに2度も3度もバットを振ることはできない。若松は一振りにかけた。

初球、池谷公二郎が投じたボールは真ん中から、やや内側の甘いスライダー。ライナー性の打球は一直線でライトスタンドへ。

翌日も同じような場面で代打に指名された。スコアは6対6。9回裏1死一塁。ピッチャーは右の松原明夫。またも内側にスライダーがきた。これをコンパクトに振り抜くと、白球は右中間スタンドに突き刺さった。

2本とも、たった一振りで仕留めてみせた。これを神業と呼ばずして、いったい何と呼べばいいのだろう。

「空振りすると脇腹が痛いので、狙い球だけ絞って一振りにかけようと。代打は一振りに集中できるので、結構好きでしたね」

ユニフォームを脱いでもう7年目。

「もう一度、ユニフォームを着る機会があればバッティングを教えたい。できればスラッガータイプのスイッチヒッターを育てたいですね」

打撃を究めた〝小さな巨人〟に活躍の場がないのは、プロ野球にとって大きな損失であると言わざるを得ない。

4番◎サード

埼玉西武ライオンズ

中村剛也

TAKEYA NAKAMURA

コーチのアドバイスで
ポイントを前に置いたら、
打球の角度と
飛距離がまるで変わった

中村剛也（なかむらたけや）
1983年、大阪府出身。
大阪桐蔭高から、
01年にドラフト2巡目で西武ライオンズに入団。
08年に46本塁打で初の本塁打王に輝く。
11年には低反発球の導入にもかかわらず、
自己最多タイの48本塁打を放ち、
二冠に輝く。

●

本塁打王：3回（08〜09年、11年）
打点王：2回（09、11年）
ベストナイン：3回（08〜09年、11年）

不振の原因はポイントの位置

埼玉西武の〝おかわり君〟こと中村剛也は、数少ない〝和製大砲〟のひとりである。

2010年のシーズンは右ヒジなどの故障もあり、85試合にしか出場できなかった。それでもリーグ4位の25本塁打を記録した。08年、09年は、それぞれ46本塁打、48本塁打をマークし、2年連続でホームラン王に輝いている。そして11年も48本塁打と打ちまくり、〝指定席〟にカムバックした。

彼が生粋の長距離砲だと断言できるのは、ホームラン王のタイトルを3回も獲得しているからではない。彼が放つ打球の滞空時間が長く、しかも飛距離がズバ抜けているからだ。

デーブこと大久保博元（現東北楽天打撃コーチ）が、古巣である西武の打撃コーチに就任したのは07年オフのことである。

中村は入団4年目の05年に22本塁打を放ち、頭角を現したものの、06年、07年は不振に陥り、9本塁打、7本塁打にとどまっていた。

このまま尻すぼみに終わるのか、長距離砲として一本立ちできるのか。大久保は監督に就任した渡辺久信から「サンペイ（中村のニックネーム）を再生させてくれ」との指示を受ける。

西武は秋季キャンプを宮崎県日南市の南郷スタジアムで張る。昼間は秋でも夏のような陽射しが降り注ぐ。

中村のフリーバッティングをデーブは注意深く見守った。フルスイングした打球がレフトフェンスギリギリにしか届かない。その弾道はとても長距離砲のそれには見えなかった。なぜ飛距離が伸びないのか。デーブはあることに気がついた。ピッチャーのボールを引き寄せ過ぎるあまり、右足、つまり後方の足の前でボールをとらえていたのだ。

「サンペイ、左足の前で打て。今よりも2メートル前でボールを叩け！」

アドバイス直後、打球はレフトフェンスを越え、芝生の上ではねた。

デーブは振り返る。

「ありゃ、すごい打球でしたよ。ドカーンという一発。スイングは全然、変わっていない。ただヒッティングポイントを前にしただけで飛距離が全然違ったんです」

眠れる獅子が目覚めた瞬間だった。

南国の空に舞ったこの打球のことは、もちろん本人もはっきりと覚えている。

「デーブさんから〝前で打て〟と言われた時、最初は〝大丈夫かな？〟と思ったんです。それまでは〃(後方の足に)近いポイントで打て〃と言われていたものですから。

でも、それでは結果が出なかった。ホームランも思ったように打てなかった。それで〃(デーブさんの言うように)やってみようかな〃と思ったんです。実際、そのとおりにしたら、打球の角度や飛距離がまるで変わった。これできっかけを掴んだことは事実です」

翌年、中村は46本塁打を記録し、自身初のホームラン王に輝いた。打点も101と3ケタの大台に乗せた。

近年の理論とは逆

興味深いのは「前で打て」というデーブの指導法である。というのも、近年はボールを引き寄せるだけ引き寄せ、後方の足の前あたりでボールをとらえる打法が主流だったからだ。たとえば、この打法の信奉者に千葉ロッテ2軍打撃コーチの金森栄治がいる。金森は小柄なバッターに対してボールを引きつけ、下半身の力を使って打つことを指導する。必然的にポイントは後方の足に近くなる。

バッターの手許で微妙に動くムービング系の変化球全盛の時代、ボールを引きつけ、できるだけキャッチャーミットに近いところで打ったほうが正確に叩けるのは自明だ。

金森の師匠格にあたる野球評論家の田尾安志の説明は的を射ている。

「バッティングは①ジャストミート、②泳がされる、③詰まる――この3つしかない。この中で一番悪いのは泳がされることです。要はフォロースルーまで一発で振り切れるかどうか。腰が伸び切ってしまっていてはボディが使えない。こうなると飛距離が伸びないんです。人間、重いものを持つ時ってどうします？　体に近いところで持つでしょう。しかもヒザと脇をしっかり締めている。バッティングも同じです。ボールをできる限り、自分のポイントまで呼び込み、軸足でスイングする。泳がされるバッターは例外なく軸足のかかとが上がっています。後ろ側の足のヒザ小僧がピッチャーに向くようでは、いいバッティングはできませんね」

田尾の指導を受けて甦ったバッターのひとりに中日の山﨑武司がいる。

36歳で東北楽天に入団するまで、山﨑は典型的なプルヒッターだった。ポイントを常に前に置き、ホームランはそのほとんどがレフトスタンドに飛び込んでいた。本人の言葉を借りればダイヤモンドの90度のうち、左30度しか使っていなかった。

「これからは後ろの足に重心を残して打て」

田尾から、そう指示を受けても、最初はプライドが邪魔をした。96年には39本塁打でホームラン王を獲ったこともあるのだ。そう簡単に打法を変えるわけにはいかない。

「(ポイントを後ろにする) この打ち方だと、どうしてもはじめのうちは詰まるんです。詰まると不安で不安で仕方がない。これでいいのかって……」

結果が出始めたのは楽天移籍1年目の6月。これまでレフトスタンド専門だったホームランがライトスタンドにも入り始めた。粘り強く取り組んだ打法改造が、やっと実を結んだのである。

山﨑は語った。

「楽天に来た時、田尾さんとバッティングに関して随分、話し合いました。これまで僕は後ろ側の足に重心を残すバッティング理論がいいと思っていなかった。どちらかというと来たボールをドーンと打つという感じ。だから変化球に対応できなかった。

しかも齢をとればヘッドスピードの初速が鈍ってくる。これまでは〝とらえた!〟と思ったボールがとらえ切れない。でも20年近くやってきた打法を変えるには勇気がいる。詰まると、どうしてもボールを前でとらえたくなるんです。

その都度、田尾さんから〝オマエ、何やってるんだ！〟と叱られました。〝練習では詰まれ〟とも。これがよかった。詰まりながらでも反対方向に打球を運べればいいんです。このコツを掴むまでには時間がかかりました」

移籍1年目、山﨑は383打数で25本塁打を記録し、復活の兆しをみせた。そして07年、43本塁打で自身2度目、史上3人目となるセ・パ両リーグでのホームラン王になるのである。

軸足は前でも後ろでもいい

このようなケースを知っている者としては、当初、ポイントを後ろから前に戻すのは自殺行為のように感じられた。

しかし、デーブの目論見は正しかった。その理由について、彼はこう語る。

「一般的に言われるように、軸足を後ろに置く。これも間違いではないんです。というより、僕の考えでは軸足は前の足でも後ろの足でもどっちでもいい。どちらかで回ればいいんです。

サンペイの場合、極端にボールを引き寄せ、右足の前で打っていた。それが証拠に詰まったファウルが多かった。何でも極端にやり過ぎるのはよくないんです。だから、そこを指摘した。現在、サンペイは（2ストライクと）追い込まれるまではポイントを前に置き、1、2、3のタイミングで振っている。別に空振りしたっていいんですよ、ホームランバッターなんだから。

その代わり、追い込まれたら後ろ側の足の前で打てばいい。これなら変化球にも対応できます。前の足の前でも後ろの足の前でも打てればヒッティングポイントの幅が広がり、自ずと打率も上がっていきますよ」

ポイントを後ろから前に持ってきて成功したバッターをもうひとり知っている。ロッテの今江敏晃だ。

今江はポイントを前に移した10年、キャリアハイの打率3割3分1厘をマークした。打撃開眼につながったのが、この年から取り入れた〝右目打法〟である。

「バッティングって〝後ろ（テイクバック）を小さく、前（フォロースルー）を大きく〟ってよく言うでしょう？　そのためにはこの打ち方が一番いいんです」

これには少々、説明が必要だろう。09年の秋から金森コーチの指導もあり、今江はミートポイントを後ろに置くバッティングに取り組んだ。イメージとしては後方の足の前あたりでボールをとらえるのだ。しかし、これだと、どうしてもボールを見過ぎるあまり体が浮いてしまう。今江の場合、ボールを目で追っているうちに力が上に逃げてしまうのだ。

これを解消するため、逆にポイントを前に持ってきた。幅にするとバット1本分くらい。前足の前あたりでボールを叩く。そこで大切になるのが顔をピッチャーに正対させ、なるべく顔を固定させたまま「右目でボールを見る」ことである。

まるで遮眼革をつけられた競走馬のような話だが、今江はこうすることで自分なりのバッティングのコツを掴んだ。

このように打法は選手によって千差万別。10人いれば10通りの打ち方があると考えていいだろう。これがバッティングという行為のおもしろいところであると同時に、奥深いところでもある。

カーブを狙って打つ

中村は5歳で野球を始めた。

「子どもの頃から〝人より飛ばしてやろう〟と思っていました。飛距離だけは誰にも負けたくなかった」

今の体を、そのまま小さくしたような体型だったというのだから、いわゆる〝デブ〟である。ただ、この〝デブ〟、タダモノではなかった。証言するのは中村が進学した大阪桐蔭高の監督・西谷浩一である。

「彼を最初に見たのは中2の時です。ボーイズリーグ（少年硬式野球）のチームにポッチャリとしたキャッチャーがいた。それが中村でした。最初は〝まんまるい子だなぁ〟という印象しかなかった。ところが変化球打ちが抜群にうまい。普通の中学生だと変化球への対応に苦労するのですが、いとも簡単にカーブを打っている。

それで本人に〝カーブを狙って打っているの？〟と声をかけると、〝はい。カーブを待っていました〟と答えた。私も長く、中学生の試合を観てきましたが、変化球を待ち、狙って打てる子に会うことはほとんどない。聞くとウチの高校から実家が近いというので、自然とウチに入る流れになったんです」

〝デブ〟ではあったが運動センスはズバ抜けていた。

「まさしく〝動けるデブ〟でした」

苦笑を浮かべて西谷は続けた。

「バスケットボールもバレーボールもサッカーも何でもできた。体育の先生が〝バレーボールをやらせたら、ものすごいジャンプをしてスパイクを打っていたぞ〟と目を丸くして僕に報告に来たことがありますよ。

意外なことに盗塁も多かった。1学年下に西岡剛（ロッテ—ミネソタ・ツインズ）がいましたが、彼よりも盗塁が多かった。中村の場合、バッテリーの警戒が少なかったせいもあるとはいえ、セカンドから相手バッテリーのサインを見て、変化球だと確かめてから、よくサードに走っていましたね。

このように相手のスキを突くのがうまかった。野球に関する頭の良さがあり、いい意味でズル賢い子でした」

6学年下に現在、北海道日本ハムで活躍する中田翔がいる。中田の高校通算本塁打は87本。対する中村は83本。

「高校時代の2人を比較すると、飛距離だけなら中田のほうが断然上でした。その代わり、ボール球でも何でも手を出すので〝プロに入ったら苦労するだろうなぁ〟とは思っていました。一方、中村のバッティングはやわらかい。自分の打つポイントをしっかり確認しながら打撃練習に取り組んでいました。ウチには3カ所、バッティングケージがあるのですが、まず真ん中のケージに入り、カーブをしっかりと引きつけて右中間方向に弾き返すことでポイントを確認していましたね」

「飛距離が伸びたのは高2の秋である。ノックを受けている最中、指を突いて骨折した。それで余計な力が入らなくなったのか、次の練習試合でホームランを3本も放った。

これぞケガの功名である。

中村のバッティングは脱力系で、まるで力みを感じさせない。この骨折が、そのきっかけを掴ませたのかもしれない。人間、何が幸いするかわからない。

独特の内角トレーニング

02年、ドラフト2巡目で西武に入団した。高校生野手としては高評価である。

1年目、2軍で満塁ホームラン3本を含む7本塁打を放った。2年目には22本塁打でイースタンリーグのホームラン王を獲得した。

3年目の04年からヘッドコーチに就任した土井正博は中村に独特なトレーニングを課した。それは防具を着けた中村にコーチがボールをブツけるというものだった。

「人間の体は内側が弱いんです。ピッチャーが投げたボールが自分に向かってきた時、ピッチャー方向に回転するとまともにぶつかって大ケガをしやすい。その場合はキャッチャー方向に回らなければならないんです。そうすれば、ボールは体や腕の外側に当たる。これなら大ケガを避けることができます」

土井がこうした防御策を練習させたのには理由がある。

「清原（和博）で失敗したからですよ」

周知のように清原は西武入団1年目で打率3割4厘、31本塁打、78打点をマークし、新人王に輝いた。長いリーチをいかしてアウトコースの変化球をライトスタンドに叩きこんだ。それを見たロッテ（当時）の落合博満が「理想のフォーム」と絶賛したのは有名な話だ。

ルーキー時代の清原のバッティングを目の当たりにした者は誰もが確信した。

「近い将来、三冠王を獲るだろう」

しかし清原は三冠王どころか、打撃3部門のタイトルをひとつも手にすることなく引退した。清原失敗の最大の原因はピッチャーの徹底したインコース攻めだった。

その証拠が死球数の多さである。入団3年目＝15個、4年目＝16個、5年目＝15個、6年目＝9個。これらはいずれもパ・リーグ最多である。つまり清原は4年連続で死球王になっているのだ。

4年目の89年には〝バット投げ事件〟まで起こしてしまう。デッドボールを投じたロッテの平沼定晴に向かって、あろうことか握っていたバットを投げつけてしまったのだ。清原はペナルティとして2日間の出場停止処分を科されてしまう。

なぜ、かくも執拗にパ・リーグのピッチャーは清原の内角を襲い続けたのか。それは先述したように清原のアウトコースの捌き方が、既に名人の域に達していたからである。

外角のボールを、どうやってより遠くに見せるか。そのためには内角を突くのが最も効果的な攻め方である。内角球を恐れて腰を引けば、外角のボールにバットが届かなくなる。ライバル球団のピッチャーたちは、まるで示し合わせたかのように、それを狙ったのだ。

清原への度重なるインコース攻めは、彼が巨人にFA移籍してからも続いた。苦虫を噛み潰したような表情で土井は語ったものだ。

「(インコースを攻められ)体が開くからボール球がストライクに見えてしまう。で、無理に打ちに行くからバットの根っこに当たって詰まってしまう。芯に当たってもファウルです。体がしっかり閉じていれば、手を出さずに我慢して見送ることができるのですが……」

そして、こんな解説を加えた。

「要するに体が閉じていれば外角のボールに対して踏み込んでいけるんです。しかし開いているとアウトコースいっぱいに入っているボールがとんでもなく外に外れているように見えてしまう。ピッチャーからすれば、こうなればしめたものです。そりゃ次から次へとカサにかかって内角を攻めてきますよ」

いずれ強打者に成長すれば、内角を厳しく突かれる。デッドボールも増える。そうなった時の対処法を土井はあらかじめ中村に授けたのである。

逆に言えば、それだけ西武というチームが中村に期待していた証左である。清原の二の舞は演じさせない――。そこにチームとしての強い意志を感じるのは私だけではあるまい。

課題は三振の多さ

実働8年でホームラン王3回、打点王2回。中村が日本球界を代表する長距離砲であることに異を唱える者はいまい。

しかし、彼は発展途上のスラッガーである。打率が低い、三振が多い……。粗《あら》を探せば、いろいろ出てくる。

まず打率だ。ホームラン、打点の二冠に輝いた11年でも2割6分9厘。これまでの自己最高は09年の2割8分5厘だ。3割とは言わないが、せめてコンスタントにこのくらいの打率は残してほしい。

次に三振数だ。08年＝162個、09年＝154個、11年＝134個とパ・リーグの三振王になっている。この三振数がいかに多いかは、かつての強打者と比べれば一目瞭然だ。

まずは王貞治。若い頃、王は「王、王、三振王」とからかわれたが、最も三振を多く喫したシーズンでも101個（60年）である。ちなみに三冠王になった2度のシーズン（73年、74年）は41個、44個。この数字が選球眼の良さを裏付けている。

続いて落合博満。彼は王を上回る3度の三冠王に輝いた。その3度のシーズン（82年、85年、86年）の三振数は58、40、59。同じ右バッターでありながら、安定感においては天と地ほどの差がある。

強打者の最高の勲章は四球の中でも敬遠である。王は2度目の三冠王に輝いた74年、45回も敬遠で歩かされている。次に多いのが66年の41、その次が73年の38だ。

落合も見てみよう。さすがに王に比べると数字は落ちるが、それでも2度目の三冠王を獲得した85年には26回も歩かされている。

対して中村は08年が1回、09年が0回、10年が5回、11年でもわずか2回だ。せめて2ケタくらいは欲しい。

厳しいことを書いたが、それは中村への期待の大きさゆえである。今の球界を見渡した時、

「ホームランはヒットの延長」というバッターはいても、「ホームランの打ち損ないがヒット」というスケールの大きなバッターは彼以外いない。

長距離砲の場合、安定感が生まれれば、いずれ三冠に手が届く。しかしアベレージヒッターが大化けしてホームラン王のタイトルまで獲ることは稀である。

もちろん中村はそれを知っている。だから「三冠王はホームランバッターしか獲れないタイトル」と強気な言葉が飛び出すのだろう。そのための課題も本人が一番よくわかっている。

「三振が減れば、もうちょっとホームランも増えると思うんです。だけど、なかなかそうできない自分がいる……」

理想と現実のはざまから、どのようにして抜け出し、名実ともに、この国を代表するスラッガーとしての地歩を築くのか。

「確かに敬遠数は少ないですね。これだけ勝負されるということは、まだまだなんでしょうね。なんかショボイっすね」

完成には程遠い。埋めなければならない穴はたくさんある。だが逆に言えば、それは彼のスラッガーとしての器の大きさを物語っている。背番号（60）の数ほどホームランを打つ日はやってくるのか。

5番◎ファースト

高井保弘

YASUHIRO TAKAI

元阪急ブレーブス

代打は一球勝負やから
失敗が許されん。
たった一振りで
家族を養う仕事やね

高井保弘（たかいやすひろ）
1945年、愛媛県出身。
今治西高、名古屋日産モーターを経て、
64年に阪急ブレーブスに入団。
3年目から主に代打として活躍。
その目覚ましい成績から、
74年のオールスターに出場し、
代打逆転サヨナラ本塁打を放つ。
82年に引退。

●

通算代打本塁打：27本（世界記録）
シーズン最多代打本塁打：6本（74年、パ・リーグ記録）
オールスターゲームMVP：1回（74年、第1戦）
ベストナイン：1回（77年）

年に1度の舞台でサヨナラ弾

〝無くて七癖〟という。人間には、必ずいくつかクセがある。ボールを投げたり、打ったりを生業とするプロ野球選手ともなれば、なおさらだ。

これから紹介する元阪急の高井保弘は19年間の現役生活で27本の代打ホームランを放った。メジャーリーグで代打のホームラン記録はマット・ステアーズ（元オークランド・アスレチックス）などが保持する23本だから、高井のそれは「世界記録」ということになる。

代打稼業は一振りが勝負である。3つのストライクのうちのひとつを確実に仕留めなければならない。そのためには、日頃から相手ピッチャーを注意深く観察し、投球上のクセを頭に入れておく必要がある。最良の準備なくして、最上の結果を出すことはできないのだ。

プロ野球オールスターゲームは1951年に始まり、今年で62年目を迎えるが、その長い歴史の中で、代打逆転サヨナラホームランを放ったバッターはひとりしかいない。

それがこの章の主人公・高井である。

1974年7月21日、場所は東京・後楽園球場。セ・リーグが2対1とリードして迎えた9回裏、1死一塁の場面で、パ・リーグの指揮を執る野村克也（南海）は山崎裕之（ロッテ）に代え、高井を打席に送った。高井はそれまで通算15本の代打ホームランを放っていた。

この時の心境を高井は自著『代打男』(恒文社)で、こう述べている。

〈その頃、すでに代打男という看板をもう、もろうてましたし、ここいう時の出番には「よっしゃ」てなもんでしたが、何しろ生まれてはじめてのオールスター出場で、心臓がドキドキしてましたんや。

そう、それまで日本シリーズにも出させてもろうて、大舞台は踏んでるものの、名だたるスターが大集合したひのき舞台の初出場。大きな図体はしてますが、小学生のようにあがっていました。

緊張はしてましたが、同時に、

「よっしゃ。日本国中にタ・カ・イちゅう名前を知ってもらお」

という気持ちも働いてました〉

マウンド上のピッチャーは本格派の松岡弘《ひろむ》。7回から登場したヤクルトのエースは9回裏1死で代打の土井正博(近鉄)に内野安打を許すまで、パ・リーグ打線を完璧に封じ込めていた。オールスターゲームは投げても3イニングまでというルールがあり、松岡は飛ばしに飛ばしていた。

プロ入り11年目にして、初めてオールスターゲームの打席に立った高井は、通常よりスパイク半足分、後ろに構えた。1死一塁という状況から判断して、「絶対にシュートが来る」と読んだのである。

初球、高目のストレート、ボール。高井は平然と見送った。2球目、シュート回転のストレートがスーッと真ん中低目に入ってきた。高井が34・5インチのバットを強振すると、打球は快音を残して超満員の左中間スタンドへ消えた。絵に描いたような代打逆転サヨナラホームランだった。

高井は松岡のクセを見抜いていた。

「松岡はカーブを投げる時には左肩が上がるけど、逆に真っすぐの時は心もち左肩が下がりよる。オールスターやから、それほど難しいボールは投げてこんやろうと思うて、ワシはストレート系に的をしぼった。で、投げる瞬間、わずかに左肩が下がった。〝もろた！〟と思うなり、ワシの好きな低目にシュート回転で入ってきた。ただ低い弾道やったんで、まさかスタンドにまで飛び込むとは思わへんかった。

それにしても田淵はワシの狙いに気付かんといかんよね。半足分、後ろに立って構えりゃ〝シュートを待っとる〟と見え見えやろ。いくらオールスターやいうても（笑）」

高井はこの試合を含めて、オールスターゲームには、わずか2試合しか出場していない。

いずれも代打で、2度目の打席はストレートの四球。つまり6球のうち、ストライクはたった1球しか来なかったことになる。その1球が球史に残る代打逆転サヨナラホームランなのだ。これぞ代打稼業の真骨頂といっても過言ではあるまい。

2軍で群を抜く活躍

高井は64年、社会人野球の名古屋日産モーターから外野手として阪急に入った。

まだドラフト制のない時代、「灰色のチーム」と呼ばれた不人気の球団に入団したのは、「年寄りばかりで、ここなら早くレギュラーになれる」と考えたからだ。

報酬は契約金が600万円で年俸が72万円。公務員の初任給が1万9千円だったことを考えれば、決して悪い報酬ではなかった。

バッティングには自信があった。プロ入り4年目の67年には2軍で3割7分という好打率で首位打者に。続く68年にはホームラン王と打点王の二冠に輝いた。普通、2軍でこれだけ打ちまくれば1軍でも活躍しそうだが、当時の監督・西本幸雄は高井をあまり使わなかった。「変化球に弱い」というのが〝万年2軍〟の理由だった。

高井の回想。

「西本さんは打撃の技術をコツコツと積み重ねてきた人。僕らみたいな荒っぽいバッターは使うてもらえんかった。だったら〝もっと遠くへ飛ばしてアピールしたろ〟と余計にホームランにこだわるようになった。人より遠くへ飛ばさんことには目立たんから。体（身長173センチ）はそんなに大きい方じゃなかったけど、体重（90キロ）はそこそこあったので、遠くへ飛ばす練習ばかりしてました」

打ちも打ったり通算71本塁打――。2軍では破格のパワーを誇っていた。

高井の代打稼業が本格的にスタートするのは67年のシーズンからだ。

「好き好んでやったわけじゃないよ」

自嘲気味に高井は語り、続けた。

「野球選手である以上、誰だって4回は打席に立ち、守備につきたいと考えている。でも、チームはそれだけでは成り立たない。まぁ、どんなかたちであれ、使ってもらえるんだったら、辛抱しようと。代打というのは1球勝負ですから失敗が許されん。そこは4回打席に立てるバッターとは全然、打席での緊張感が違う……」

スペンサーに衝撃を受ける

では、どうすれば、ストライク3球のうちの1球を仕留めることができるのか。高井が師と仰いだのが、64年に来日して阪急入りし、当時〝史上最強の助っ人〟と呼ばれたダリル・スペンサーである。

振り返って高井は語る。

「これがホンマのプロやと思ったのはスペンサー。なにしろピッチャーが投げるたびにメモを取るんやから。そこまでするか、とワシはカミナリにでも打たれたような気分やった。それからや、ワシがピッチャーのクセを盗むようになったんは……」

スペンサーが来日するまで、日本のプロ野球は、投げました、打ちました、走りましたという単純な野球だった。そんな風景を一変させたのが、この元メジャーリーガーだった。

阪急で65年から3年間にわたってヘッドコーチ、打撃コーチを務めた青田昇は「近代野球はスペンサーによって始まった」と生前、私に語ったことがある。

自著『ジャジャ馬一代』（ザ・マサダ）で青田はこう述べている。

〈スペンサーが相手投手のクセや捕手のクセを見抜く眼力は、まことに凄いものがあった。実を言えば、この僕も、長年のプロ野球経験で、その方面では人後に落ちないという自負を持っていたのだが、スペンサーの眼力は、それ以上だった。

その頃、南海に渡辺泰輔という慶大出の好投手がいたが、最初なかなか打てなかった。しかし、すぐスペンサーがクセを見破って、それからはスコンスコンだ。

例えばアンダーシャツの袖がここまできたらカーブとか、ちょっと短くなったら直球とか、そういう細かい変化をじっと見ているわけだ。グラブが真っ直ぐ立っていたら直球、ほんの少し傾いたら変化球とか。

もちろん相手の投手も、クセを直そうと必死だ。だが、ピンチになって無我夢中になると、クセという奴は必ず出てくるものなのだ。

僕がコーチス・ボックスにいる時、例えば渡辺が投げると、わざとからかってやる。

「今度は直球や」「おっと今度はカーブ」

そのたびに野村（克也）がピッチャーに「青田さんがカーブ言うとるやないか」。だが投手にはなぜ自分の球種がわかるのか、その原因がつかめていないから、すっかり混乱してしまう。メロメロになってノックアウトだ。

スペンサーは捕手のクセもよく見抜いた。次打者席で、捕手の腕の筋肉の動きをじっと観察している。拳を握ったら、腕のこの部分の筋肉が隆起する。一本指ならこう動く。それを

組み合わせてゆくと、相手のキーサインがわかる。キーがわかれば配球を読める〉

独自の攻略メモ

高井は見よう見まねでスペンサーの観察術を盗み、それを磨き上げていった。それを書き留めたのが「高井メモ」である。その一部を、ここに紹介しよう。

1978年の日本シリーズは阪急とヤクルトの対決となった。阪急・上田利治監督がヤクルト・大杉勝男のホームランをめぐって1時間19分にわたる猛抗議を行った例の日本シリーズである。

ヤクルトには安田猛という、そのシーズン15勝（10敗4セーブ）をあげた小柄なサウスポーがいた。サイドハンドから多彩な変化球を投げ分けた。パ・リーグにはいないタイプゆえ、阪急は攻略に苦労するのではと見られていた。

高井はスコアラーが撮ったビデオテープを目を皿のようにして凝視した。どこかにクセがあるはずだ……。そして、とうとういくつかのクセを発見した。

安田猛のケース――。

〈ストレート系（シュート含む）〉

ワインドアップの時、頭上にあげたグラブが締まって細くなり、先がやや立ってくる。

〈カーブかフォーク〉

逆に上にあげたグラブが少し丸くなり、グラブの小指のほうが開く。つまりグラブの中で、ボールの縫い目を探してカーブかフォークの握りをするものだから、自然と手の動きに従ってグラブも丸くなる。


と、こういうことだ。


〈セットポジションの時〉

おなかのあたりでグラブを静止する時、グラブの先が突っ立っているならストレート系、反対にグラブの先が下がり、グラブ全体が丸く大きくなっているとカーブかフォーク。もっと簡単にいえば遅い球。

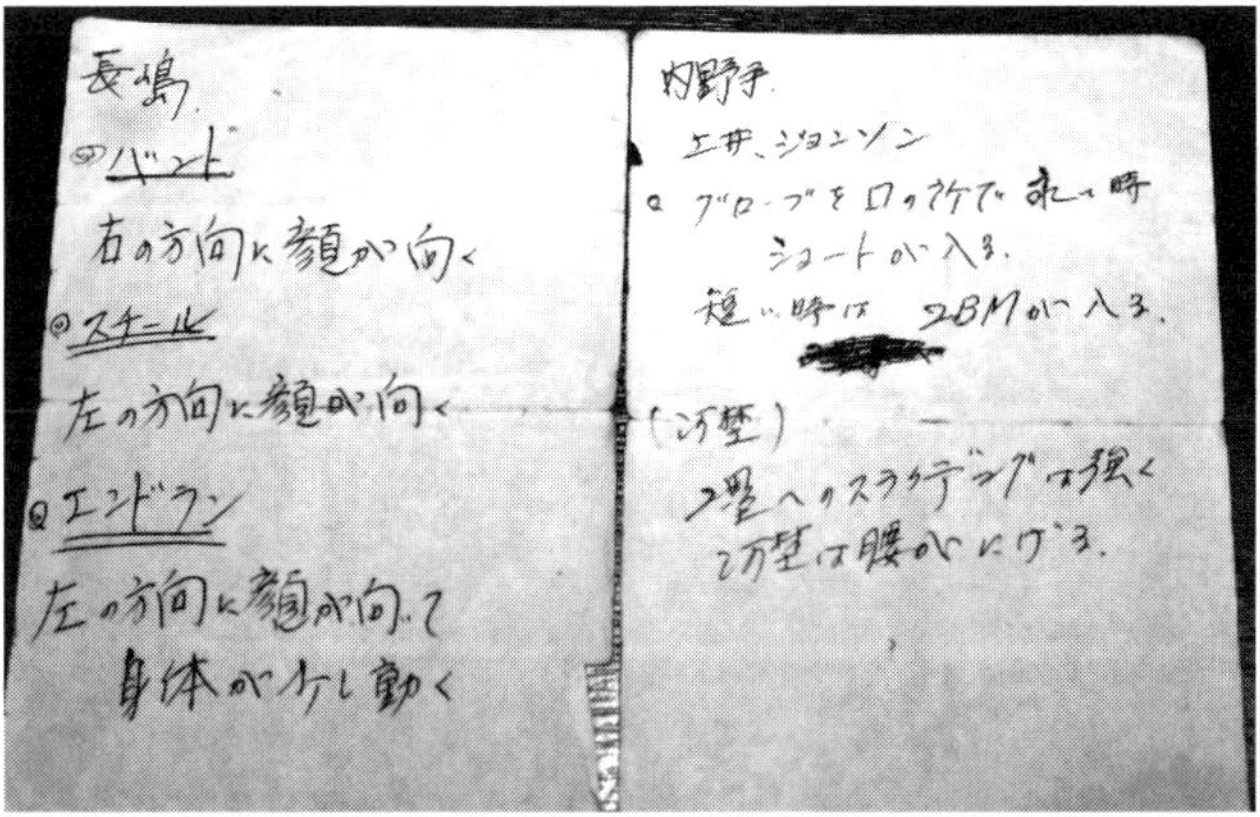

ユニークな記号を駆使

パ・リーグのピッチャーにいたっては、エース級のほとんどが〝丸裸〟にされていた。

たとえば金城基泰。金城は広島時代、アンダーハンドからの快速球を武器に74年には20勝（15敗）をあげ、最多勝に輝いた。しかし、その年のオフ、交通事故に遭い、77年には南海にトレードされた。

南海時代は主にクローザーとして活躍し、79年には4勝（5敗）16セーブ、80年には6勝（4敗）13セーブをあげ、2年連続最優秀救援投手に輝いた。

79年の「高井メモ」。

（ワ）○　頭上でグラブから手首が出てくる。

これだけでは何のことかわかるまい。（ワ）はワインドアップ、○はストレートを表す。ちなみに（セ）はセットポジション、△はカーブのことである。

（セ）○　水平よりグラブの先が下がる。
　　　○　グラブをベルトの前で身体に引きつける。
（セ）△　グラブの先が立つ。
　　　△　グラブがストレートに下がり、そのまま止まる。
（ワ）○　手が出て丸くなる。
　　　△　手が深く広い。

まるで、オタマジャクシのような記号もある。

（セ）⚲　グラブの親指が上に動く。
　　　○　グラブが前に動く。
　　　△　グラブの小指のほうが動く。

⚲　は落ちるボール。この場合はシンカーを表す。

(ワ)○　顔の後ろでグラブがトントンと動く。

△　動かない。

⚲　少し動く

Q　〃

Qは右バッターの内側、つまりシュート系のボールである。

80年になると、若干、修正が加わる。

〈セットからモーションを起こす時〉

○　グラブの小指の方が開く。

△　そのままで丸くなって……。

ここまで調べ上げられたら、むしろピッチャー冥利に尽きるのではないか。80年6月12日、最終回に代打で起用された高井は金城から決勝ホームランを放つ。通算21本目の代打ホームランだった。他に4例、紹介しよう。

実働18年で110勝30セーブの成績を残した近鉄のアンダーハンド・柳田豊。

〈セットポジションの時〉

グラブから出た人差し指がグラブから下りてくるときに震えると真っすぐ。速いボールを投げてやろうとしっかりグラブの中のボールを握り締めるために指が震える。指が動かんかったらカーブ。

150キロの豪速球と直下型のフォークボールを武器に通算215勝33セーブをあげた〝マサカリ投法〟村田兆治（ロッテ）の場合はどうか。

〈セットポジションの時〉

右手が背中越しにはっきりと見える。ボールを持つ手首が半回転したらシュート系統。クソ掴みしとったらフォーク。だが、それが分かってもコイツのボールはなかなか打てん。

続いて、日本ハムなどで活躍した通算169勝のアンダーハンド高橋直樹。

〈セットポジションの時〉

グラブの先の位置が低いとシンカー。ベルト真上ならカーブ。それよりも上なら真っすぐ。

さらには、こんなクセも。

「高橋はセカンドランナーから見た時、グラブの中のボールが大きく見える時がある。この場合はカーブやったね」

76年4月8日、高井は延長11回に代打で登場し、高橋からサヨナラホームランを放った。

投手と捕手を両目で見る

11年4月に他界したロッテの成田文男は最多勝に2度輝いた右の本格派。真横に滑るスライダーは〝魔球〟と称された。

〈ストレート、スライダーの場合〉

ワインドアップの時、グラブで頭をトントンと早く2回叩く。

〈カーブ、フォークの場合〉

ワインドアップの時、グラブで頭を大きくドーンと叩く。


好投手の成田からも高井は75年6月7日に代打ホームランを放っている。

もちろん球種が分かったところで、投げるコースまでは分からない。それを高井はキャッチャーの動きで判断していた。

「サインを出した後、右足から動いた時はインコース。キャッチャーはインコースなら、たいてい右足からアウトコースの方向へ動くように見せかけて内へ寄るから。アウトコースの場合はその逆です。左足から先に動く」

それは足音や気配で察せられるものか？

「いやいや、両目を使ったんや。左目でピッチャー、右目でキャッチャーを見る。一瞬やけど、〝ロンパリ〟みたいになるんです」

これほどの観察眼を持つ高井でも、クセを見抜けないピッチャーがいた。近鉄のサウスポー神部年男である。「高井メモ」には「特になし」と記されていた。

「どのボールも同じフォームで投げる。牽制球も一緒。神部の場合は最後までわからんかった……」

27本の代打ホームランのうち、神部から放ったものは1本もない。

そんな「高井メモ」に、ひそかに注目した者がチームメイトの中にひとりいた。83年に広島から阪急に移籍してきた水谷実雄である。78年に広島で首位打者に輝いたことのある水谷も、ピッチャーの特徴を掴むことにかけては自信を持っていた。

しかし、パ・リーグでは1年生。現在のように交流戦があるわけではない。相手投手がどんなボールを投げてくるのか皆目、見当がつかなかった。

そこで水谷は高井に、こう頼んだ。

「高井さん、オレのベンツとその手帳を交換してくれんか?」

もちろん、たとえチームメイトとはいえ、メシのタネを他人に譲ることはできない。「高井メモ」が第三者に渡ることはなかったが、高級車と同等、あるいはそれ以上の価値を有していたことを示す貴重なエピソードと言えよう。

ベンチから打席までの〝間〟が命

指揮官から「代打」を告げられると、高井はバッターボックスまで、わざとゆっくり歩いた。太っていたから動きが鈍かったわけではない。ダッグアウトを出た段階で、既に彼の戦いは始まっていたのだ。

なぜ、高井はまるで象が水辺をうろつくような行動をとったのか。それについて彼は先に紹介した自著でこう述べている。

〈ノッシ、ノッシとゆっくり歩いてえらい余裕があったんじゃないかと他人様は言うてくれますが、あれは余裕というより「間」を大事にしていましたんや。

どの球に絞るか。きょうのこのピッチャーはどの球を勝負球にしてるか、試合がはじまってからずっと観察していた投手の調子や決め球を、ベンチ――バッターボックスの間でおさらいしますんや。

ワシのコンピューターが一番急激に働く時間帯ですわ。

もう一つ、あれだけゆっくりと歩くんは、急いでバッターボックスに入って、わけがわからんうちに自分は思ってなかった悪球に手を出して凡退したらワシも損やし、チームも何のために代打策をとったかわからん。「せいては事をし損じる」というやつです。

喜ぶのは相手だけ、困るのはワシ。現役の代打稼業の選手に助言させてもらうとしたら、この点やね。球審はゲームのスピード化で、「さぁ、行こうッ」とけしかけてきよりますが、ハッキリ言うてそんな声に無頓着な方がよろしい。

何も5分も10分も待ってくれとは言うてないんです。時間にしたらほんの1分か2分。そのぐらいは審判にも相手の投手にも辛抱して待ってもらわな。こっちは打ち損なったら「減点」されますんや。チームも劣勢をひっくり返せん。精神集中という意味でも、ベンチからバッターボックスまでの「間合い」は、代打男にとって生きるか死ぬかの一番大事なとこですがな。

ワシは打席に向かうまで、もう一つ自分にいい聞かすことがあった。マウンドにいるピッチャーが大投手であろうが、どんな実績があろうが、

「ワシ、あんたより大物でっせ。あんたみたいなヘボピッチャーに抑えられるわけがない。ヒット打ちまっせ」

と念じますんや。

自己催眠法というか暗示作戦というか。いまやから打ち明ける話ですが、その作戦を実施

してましたわ〉

犠打は1度も失敗なし

高井は代打の心構えとして、次の4つの言葉を常に言い聞かせていた。

「準備」「集中力」「自信」「一番」――。

最初の3つは理解できるとして、最後の「一番」とは、どういうことなのか。

「要するに、〝ワシがこのチームの4番バッターや。バッティングに関しては一番や〟思うて打席に立っていたんです。〝ワシが4番なんやから、誰と代わっても文句言われんやろう〟と。当時、阪急には長池徳二という4番バッターがおった。〝アンタが調子悪くなったら、いつでもワシがいくからな〟という気持ちでおりましたね」

代打通算27ホームラン。DH制が導入されてからも打ちまくり、通算130ホームランをマークした高井には驚くべき〝記録〟がある。犠打を19回試みて、1度も失敗がないのだ。

誇らしげに高井は語った。

「失敗どころかファウルも1回もない。全部、一発で決めた。19個の犠打のうち、なんと4回がスクイズ。代打でスクイズを決めたこともあるんやから」

調べてみたら、確かにあった。82年9月26日の南海戦。9回、勝ち越しのチャンスで代打に起用された高井は左の高木孝治からスクイズを決めているのだ。

起死回生の一発に命を懸けた「代打男」がみせた、ここぞの場面での小技。これはいかに高井の動体視力が優れていたか、バットコントロールが抜群だったかを示している。そうでなければ〝一振り渡世〟で、これだけの成功を収められたわけがない。

――あなたにとって代打とは？

最後の質問に、高井は躊躇することなく、こう答えた。

「一振りで家族を養う仕事やね」

代打屋の矜持が、その一言に凝縮されていた。

6番◎ライト

北海道日本ハムファイターズ

稲葉篤紀

ATSUNORI INABA

バットのトップを
最初から後ろに置き、
無理のないフォームに改造。
これがうまくいった

稲葉篤紀（いなばあつのり）
1972年、愛知県出身。
中京高、法政大を経て、
95年にドラフト3位でヤクルトスワローズ入団。
05年、日本ハムファイターズへFA移籍。
08年北京五輪、09年WBCの日本代表に選ばれ、
中軸打者として活躍。
WBCでは不調だったイチローを陰で支えた。

●

首位打者：1回（07年）
最多安打：1回（07年）
ベストナイン：5回（セ・リーグ：01年、パ・リーグ：06～09年）
ゴールデングラブ賞：4回（06～09年）

移籍先・北海道で進化

野球選手には、大きく分けて早熟型と晩成型の2つのタイプが存在する。北海道日本ハムの稲葉篤紀は典型的な後者だ。

それはプロ17年間の打撃成績を見れば明らかだ。ヤクルトでは10年間で972安打。それに対し、日本ハムでは7年の在籍でヤクルト時代を上回る994安打を放っているのだ。

打率3割以上（規定打席以上）もヤクルト時代は2回であるのに対し、日本ハムに移籍してからは既に4回。余程、北海道の水が稲葉には合ったようだ。

北海道で再生した理由のひとつとして、稲葉はファンの存在をあげている。

〈お世辞でもなんでもありません。本当です。ファンの支えがあったから、ここまで来られたと思います。

ヒルマン監督は「北海道のファンは世界一です！」という名言を残しました。これに対し、「宇宙一です！」と言ったのは梨田昌孝監督です。

僕も両監督とまったく同感です。

チームによって応援も、ファン気質もさまざまです。他球場でいろんなファンの応援を体験してきました。それぞれ熱狂ぶりはすごいと思います。でも、僕は、

「ウチはもっとすごいぞ。こんなもんじゃないから」

と、胸を張って自慢できます。

あの熱狂的な応援は球場のファイターズファン一丸というより、北海道ファンが一丸となったもののように感じられます。

しかも、どんなに打てなくても、どんなミスをしても、札幌ドームで汚いヤジを聞いたことはありません。それどころか、ファンの方々が落ち込んでいる選手を応援や声援で後押ししてくれます〉（自著『躍る北の大地』〈ベースボール・マガジン社新書〉より）

札幌ドーム名物に「稲葉ジャンプ」がある。稲葉が好機で打席に立つと、スタンドのファンが一斉にジャンプを始めるのだ。

4万人を超える大観衆がジャンプするときの振動は震度3にも相当するという。ちなみに耐震設計されている札幌ドームでは震度7までは大丈夫だとか。いずれにしても、プロ野球史上例のない応援スタイルであることは間違いない。

しかし、と稲葉は言うのだ。

〈僕はそれをプレッシャーに感じたことはありません。素直に嬉しいと感じています。バッターボックスからファンがぴょんぴょん跳ねる姿を見るのは毎回楽しみでもあります。

だって、こんなにすごい応援をしてもらえるのは世界でたった一人なのですから。日本のプロ野球はもちろん、メジャーにもいないはずです〉（同前）

もちろん晩成の理由は北海道のファンの応援だけではない。そこにはきちんとした理論的な裏付けがある。日本ハムに移籍してから稲葉はバッティングフォームを変えたのだ。

「2005年の夏頃ですかね。ヤクルト時代の後半からずっと伸び悩み、日本ハムに移籍してからも出だしがよくなかった。それなら、思い切って変えようかと……」

振り遅れを防ぐフォームに修正

具体的には、どこをどう変えたのか。

「それまではバットを顔の前で構えていました。足を上げるのと同時にトップの位置に入るので、一度、腕を引くことになるんです。この打ち方だと速いボールには振り遅れて対応しにくい。タイミングが狂えば、もう終わりです。

それで腕を引かずに、トップの位置を最初から後方に固定するようにしたんです。弓矢で言えばピッチャーの始動に合わせて弓を引くのではなく、最初から弓を引いた状態でピッチャーの投球を待つんです。これがうまくいきました。

要するに無駄を省き、無理のないフォームに変えたんです。ベテランになると、こうした自然体のフォームの方がいいんじゃないでしょうか。というのも、どうしても年をとると、反応が鈍くなってくるんです。脳で感じても筋肉に伝わるまでに時間がかかるというか……。今はこのフォームが一番合っていると感じます」

同じことを語っていたベテラン選手がいる。稲葉より2つ年上の宮本慎也である。ヤクルトでは10年間、一緒にプレーした。

宮本は11年、打率3割2厘をマークし、三塁手としては自身初のベストナインに選ばれた。実は宮本も、バッティングフォームを微調整したのだ。

「これまでシンプルなフォームにこだわってきたんですが、足を上げるのをやめたり、グリップの位置を下げるなど、もっとシンプルにしようと。これによりトップ（の位置）がピタッと決まり、ボールが長く見えるようになった。急いで打ちに行かなくても自分の間で打てる。40歳の自分に適したフォームを発見したことが3割につながったと思っています」

話を稲葉に戻そう。バッティング改造の影響は、どのように表れたのか。

「ボールが遠くへ飛ぶようになりました。キャリアハイの26本塁打はフォームを変えた翌年に記録したものです。加えてアベレージも残せるようになりました」

ヤクルト時代には3回あった1ケタ台のホームラン数は日本ハムに移籍してからは一度もない。パ・リーグの球場はセ・リーグに比べて総じて広いのだが、それでも05年＝15本塁打、06年＝26本塁打、07年＝17本塁打、08年＝20本塁打、09年＝17本塁打、10年＝16本塁打とコンスタントに打ち続けている。

11年は12本塁打に減ったのは、やはり低反発の統一球、いわゆる〝飛ばないボール〟の影響か。

「それは確かにあったと思います。10年のシーズンならホームランやフェンス直撃になっていた打球が、楽に外野手に捕球されていました。距離にすると5メートルから10メートルは飛ばなくなった印象を受けます」

蛇足だが、そんな環境下で48本塁打を記録してパ・リーグのホームラン王に輝いた〝おかわり君〟こと中村剛也（埼玉西武）は、やはり別格なのだろうか。

「これまでのボールだったら、アイツ、70本くらい打っていたかもしれませんね。彼の素晴らしい点は、ホームランを打っても空振りしてもスイングの軌道、ボールをとらえるタイミングが一緒なんです。要するに体の軸が全くブレない。

普通のバッターだと前に泳がされたり、変な空振りをしたりするんですが、アイツの場合、それが全くない。だから外野を守っていると、いつもヒヤヒヤしますよ。空振りしても本当に紙一重ですから。ボールをバットに乗せる技術に関しては、今、日本で一番うまいかもしれませんね」

野村との出会いからプロへ

稲葉は94年のドラフト3位で法政大からヤクルトに入団した。たまたま神宮球場で六大学野球を観戦していた当時の野村克也監督に見初められたのは有名な話だ。

「僕は大学時代、6本しかホームランを打っていないのですが、4年春の明大戦で、2試合連続本塁打を記録しているのです。左ピッチャーから1本、右ピッチャーから1本。この試合を野村さんがたまたま見ていたんです。

というのも野村さんの息子の克則が僕と同級生で、彼は明治のキャッチャーでした。スタンドには沙知代夫人も来ていました。今でもはっきりと覚えています。僕が2本もホームランを打ったものだから、〝アイツを獲れ！〟となったようです。その頃、僕には近鉄と社会人野球から話がきていたようですが、実際に獲ってくれたかどうかわかりません。野村さんとの〝出会い〟がなかったら、プロに入っていなかったかもしれませんね」

ヤクルトでは徹底して〝野村ＩＤ野球〟を叩き込まれた。稲葉にとっては経験したことのない未知の野球だった。

「あれは入団2、3年目でしょうか。当時、巨人のレギュラーキャッチャーは村田真一さん(現1軍打撃コーチ)。野村さんから〝村田の性格をレポートに書いてこい〟と言われたんです。

正直言って、高校でも大学でも、あまり字を書いた経験がなかった(苦笑)。困りましたけど監督命令だから、必死になって考えました。レポート用紙に1枚、〝こういう配球をされてます〟なんて書きました。

提出すると野村さん〝何だ、これ？　たった1枚か……〟。続けて〝書き直して来い！〟。次の日、2枚書いて提出しましたが、未だに感想は頂いていません(笑)」

参考までに野村は稲葉について、こう述べていた。

「稲葉にはものすごく縁を感じました。スカウトからは〝プロじゃ無理じゃないか〟と反対されましたけど、〝まぁ、いいから〟と強引に指名しました。だから稲葉には足を向けては寝られない（笑）。

彼は本当に努力家ですよ。ヤクルトは神宮球場を使っての練習があまりできないので、（球場近くの）室内練習場でやるしかない。稲葉、宮本、真中（満）にうちの息子（克則）は、まぁ朝から晩まで24時間、練習場にいたような感じですよ。努力であそこまで来た選手ですね」

よき助言者・土橋、池山、古田

古田敦也を筆頭に池山隆寛、土橋勝征《かつゆき》、飯田哲也、宮本……ヤクルトではいい先輩に恵まれた。プロの世界を生き抜く術はバイプレーヤーの土橋から学んだ。

「僕が入った頃のヤクルトの練習は厳しいことで有名でした。たとえばキャンプでは練習前に振り込み、終われば特打。自主練習とはいいながら、首脳陣から〝やらされていた〟面もあります。

こうした厳しい練習に耐えられたのは土橋さんのこの一言があったからです。〝この厳しい練習で将来の貯金ができる。年とっても野球をやりたいなら、今のうちにいっぱいやっとけ〟って。当時はピンとこなかったのですが、今になって土橋さんがおっしゃった意味がよくわかります。土橋さんは19年間、現役でプレーし、僕も今シーズンで18年目を迎えます。これだけ長くできたのも若い日の〝貯金〟があったからでしょう。

今年で40歳になりますが、〝貯金〟のおかげで衰えは全く感じていません。強いていえば走るスピードが落ちたくらいで、あとは若い頃と何も変わっていないですね。これからは僕の経験をもっと若い選手に伝えていこうと思っています」

現在、ヤクルトの2軍打撃コーチを務める池山からは、技術に関するアドバイスをしばしば受けている。

「池山さんのアドバイスは本当に的確なんです。池山さんが楽天のコーチをしている時には、こっそり〝池山さん、僕の今のバッティング、どうなってます？〟と聞きにいったことがあります。

すると池山さん〝おまえ、腰が早く回転してしまって、軸足に粘りがなくなっているぞ。軸足をもう少し我慢してみろ〟と。池山さんの言うとおりにやると、当日、本当にホームランが出ましたね。軸足に体重が乗っていない時は始動が早くなり、そのためにトップの位置が浅くなっている。これではいいバッティングはできません。

池山さんはそんな僕のバッティングの欠点を一目で見抜き、伝える能力がある。これは指導者としてのセンスだと思うんですね。あそこが悪い、ここが悪いとあれこれ言われると余計に考え込んでしまう。ピンポイントで伝えるのが指導者の能力なんでしょうね」

古田には野球に対する根本的な考え方、より具体的に言えば用具の選び方から教わった。たとえばグリップエンドの部分がくぼんでいないバットを使用しているのは古田のアドバイスによるものだ。

「古田さんは何種類ものバットを持っていて、ピッチャーによってそれらを使い分けていました。僕は元来、グリップエンドが真っすぐになっているバットを使用していたのですが、ある時、古田さんから〝そのバットじゃインコースは打てないよ〟と指摘された。

古田さんが言うには、インコースのボールを打とうと思ったらヒジを抜かなくてはならない。ところがこの型だと手が引っかかってヒジがうまく抜けないんです。そして、そのままヘッドが返ってしまう。

それで古田さんも使っているグリップエンドにふくらみのあるタイカップ型のバットにして、ストンと手が抜けるようにした。それからですね、ヒジがうまく抜けるようになったのは……。よくインコースのボールを打つ際に、〝脇を締めろ！〟という指導者がいますが、これはファウルになるだけですね。ヒジが抜けずにヘッドが返ってしまうと、フェアグラウンドには飛んでいきません。ヘッドは返すのではなく自然と返る。ヘッドは勝手についてきてくれるという感じでいいと思います」

また、古田には「3割を打つ秘訣」として、こんなアドバイスももらった。

「超一流のピッチャーからはそう簡単にヒットを打てるものじゃない。打てるに越したことはないけど、現実には1試合に何本も打つのは難しい。3割を打つために大事なのは、自分のチームがセーフティーリードをしている場合で、相手チームのピッチャーが二番手、三番手に交代した時。とにかく、ここで必死になって打て。そうやってヒットを稼いで貯金をつくれば、3割は見えてくる」

「カウントが0ボール2ストライクに追い込まれたら、ヒットを打とうと思わない方がいい。とにかくクサイ球はカット。ピッチャーに球数を放らせれば、チームにとっても大きい。そして、仮にカウントが3ボール2ストライクになっても欲張らず、フォアボールを目指せ」

「3ボール2ストライクになったらピッチャーもボール球は投げられない。甘いストライクが来てもおかしくない」

こうしたキャッチャー目線のアドバイスが、知的養分となって打者・稲葉を成長させたことは想像に難くない。持つべきものは〝よき先輩〟である。

同郷の後輩・イチロー

稲葉には世界的に有名な〝後輩〟がいる。シアトル・マリナーズで活躍するイチローだ。2人には愛知県豊山町《とよやまちょう》にある「空港バッティングセンター」で、しのぎを削っていた時期がある。

「年は僕がひとつ上です。僕は小学生の頃から、そのバッティングセンターに通っていたのですが、しばらくしてイチロー君も通い始めたようなんです。彼の存在に気が付いたのは僕が中1の時でした。その頃のイチロー君は、いつもジャージ姿で、お父さんが付きっきりで〝練習〟を見ていました。ボールは軟式です。当時、左バッター用のケージはあまりありませんでした。

そのバッティングセンターで一番速かったのが120キロ。当然、ここで打とうと思ったら順番待ちになる。イチロー君が打っている姿を何度か見たのですが、木のバットで120キロのストレートを100パーセントの確率で芯に当てていましたね。もうスコンスコン打ってた。しかもスイングが柔らかいんです。ムチみたいにピューンとヘッドがしなる。力みの全く感じられないスイングでした」

その後、稲葉は中京（現中京大中京）、イチローは愛工大名電と愛知県下の強豪校に進学する。直接対決したのは稲葉が高校3年の夏の県予選だった。決勝で対戦し、5対4で名電が中京を下して甲子園に出場した。

それから19年後、2人は初めて同じユニホームに袖を通すことになる。第2回WBC（ワールド・ベースボール・クラシック）に日本代表として出場したのだ。

開幕前の強化試合ではイチローが3番、稲葉が4番だった。

「原辰徳監督にジャイアンツとの練習試合で〝稲葉、明日4番で行くからな〟と言われた時にはビックリしました。〝まさか4番なんて……〟というのが偽らざる気持ちです。

しかし、この試合で、たまたまホームランを打ったことで本番でも4番を打つことになりました。4番といっても、僕の役割は大きいものを狙うことではない。3番のイチロー君が塁に出れば、盗塁もできるし、エンドランもできる。原監督もそこに期待したと思うんです。

だから僕も割り切って〝後ろにつなぐのが仕事だ〟と考えていました。バントでもエンドランでも命じられたことは何でもやろうと。それがこのチームにとっては一番いいことだと……」

ところが、である。打線の核ともいえるイチローがまさかの不振に見舞われ、開幕前の練習試合、強化試合での打率は、わずか1割3分。ついに、1番への打順変更を余儀なくされた。

「こんなこと言ったら怒られるかもしれないけど、イチロー君が打てないことで気が楽になった面もあるんです。〝あのイチロー君が打てないんだから、僕が打てなくても仕方がないだろう〟と。そういう開き直りが、結果的にはよかったかもしれませんね」

終わりよければ全て良し。イチローは決勝の韓国戦で決勝タイムリーを放ち、不振の鬱憤を晴らした。このゲームでは稲葉も代打から途中出場し、いずれも得点につながる二塁打と犠打で勝利に貢献した。稲葉のWBCでの打撃成績は8試合に出場して22打数7安打、通算打率3割1分8厘。ホームラン、打点こそ0だったものの、〝つなぎ〟の役割を、きっちり果たし切った。

自らの役割とともに、WBCを戦うにあたり、稲葉はもうひとつのミッションを自らに課した。それはイチローを孤立させないことである。

「イチロー君のことは古くから知っているけど、実際に付き合ったことがない。それで不振に陥っても、どう声をかけてあげればいいかわからなかった。おそらく若い選手も皆、そういう気持ちだったと思います。そこで最年長の僕が思い切って声をかけた。〝次、次〟ってね」

初めてイチローと接してみて、印象は変わったのか。

「最初は〝孤高の男〟というイメージだったんですが、実際は気さくな男です。野手会とかもやったのですが、食事の時にはひとりでしゃべっていましたよ。テレビで観るイメージとは全く違っていましたね」

ダルのボールにうなる

日本ハムのチームメイトには今季、ポスティングシステムでテキサス・レンジャーズに移籍したダルビッシュ有がいた。5年連続防御率1点台という記録は、400勝投手の金田正一や神様、仏様と並び称される稲尾和久でも達成できなかった快挙である。

日本のエースとも言えるダルビッシュについての評価を稲葉に聞いた。

「キャンプの紅白戦でダルと対戦したことがあるんです。もちろん紅白戦ですから真剣勝負ではないのですが、僕はものすごいボールを見てしまった。

それはカーブでした。普通、カーブは投げた瞬間にわかるのですが、ダルのカーブは腕もしっかり振っていて出だしが速いんです。一瞬、ストレートかと思った。ところが手許にきて、ブレーキがかかったように鋭く曲がるんです。こんなボール、生まれて初めて見ました。しかも体が大きいからマウンドが近く感じられる。威圧感が半端じゃないんです。間違いなく、これまで僕が知っているピッチャーの中ではナンバーワンです」

18年目の今季、稲葉は大記録に挑む。２０００本安打まで、開幕時点であと34本に迫っている。

「僕はプロ入りした時、〝10年やればいいな〟と思っていた。それが２０００本ですからね。５月くらいの達成を目指したいと思っています」

２０００本安打に残りわずかとなっての〝稲葉ジャンプ〟は最高潮に達するだろう。悲願達成の舞台が札幌ならば、稲葉にとっても北海道のファンにとってもこれ以上の慶事はあるまい。

7番◎キャッチャー

元東京ヤクルトスワローズ監督

古田敦也

ATSUYA FURUTA

ミットを動かすキャッチャーは
プロでは"ノー"。
キャッチボールから縫い目に
指をかけて投げることが大切

古田敦也（ふるたあつや）
1965年、兵庫県出身。
88年、立命館大学から、トヨタ自動車に入社。
同年に行われたソウルオリンピックに
日本代表として出場、銀メダルを獲得。
90年、ヤクルトスワローズにドラフト2位で入団し、
07年の引退までチームの攻守の要だった。
06、07年は監督も兼任。

●

MVP：2回（93、97年）
首位打者：1回（91年）
ベストナイン：9回（91〜93年、95、97、99〜01年、04年）
最優秀バッテリー賞：6回（91〜92年、95、97、00〜01年）

従来の捕手とは異なる構え

名捕手あるところに覇権あり――。知将・野村克也の口グセである。この野村のメディアへの発信力もあって、近年の野球は、キャッチャーに注目が集まることが多くなった。では1990年代以降、最強のキャッチャーは誰か。私は、野村の薫陶を受けた古田敦也だと考える。

18年間の現役生活でリーグ優勝5回、日本一4回、MVP2回、ベストナイン9回、ゴールデングラブ賞10回、首位打者1回。また通算2097安打は、キャッチャーとしては野村に次ぐ史上2位である。

この古田は〝異端のキャッチャー〟としても知られている。

古田が出現するまで、ほとんどのキャッチャーは人差し指を12時の方向に向け、ミットを立てて構えていた。そしてヒジを支点にして車のワイパーのようにミットを動かした。

ところが古田は脇を開け、人差し指を2時の方向に向け、ミットを少し寝かせて構えたのだ。一昔前の野球教室でこんな構え方をした子供がいたら、真っ先に叱られただろう。

事実、古田も立命館大時代には「(その構え方を)変えろ!」とよく叱られた。古田は「はい、はい」と返事だけして、自己流を貫きとおした。

「こちらのほうが捕りやすいし、早めに動ける。それにピッチャーの評判もよかった」

では、ワイパー型の欠点はなにか。古田は「低めのボールをきれいに捕れないこと」と指摘する。

「脇が締まると自分の前にきた低めのボールを捕りに行く時、ミットを下に持っていくしかない。これを僕らは、網で虫を上からかぶせて捕るやり方に似ているので、〝虫捕り〟と呼ぶんです。この捕り方はピッチャーが嫌がる。審判がなかなかストライクにとってくれませんから」

要するに上からミットをかぶせるように捕球するため、審判には低めのボールがより低く見えてしまうのだ。1球のストライク、ボールで局面が変わるのだからピッチャーにとっては死活問題である。

これが古田流の構え方であれば、ミットをボールよりも下の位置に置くことができる。そこからめくり上げるように捕ると、低めのボールがきちんとストライクゾーンに入っているように見えるのだ。

もちろん、この捕り方にも欠点はある。古田によれば「右バッターのインローのボールを捕るのに時間がかかる」という。

確かにそうだ。脇が開いている分、ミットは自在に動くが、右バッターのインローのボールに対してはミットをグルッと半周させなければならない。これだと左ピッチャーの鋭く切れ込むスライダーや右ピッチャーのシンカー系のボールについていくことができない。ここのボールに限っては脇を締め、キャッチャーミットを立てて構えたほうが素早く対応できる。

親指と人差し指の間で捕球

捕球する際には、「ミットを動かすべきではない」というのが古田の考え方だ。

よくアマチュア野球を見ていると、極端にミットを動かすキャッチャーがいる。ボール球をストライクに見せようとするためだ。こうしたテクニックはプロではまず通用しない。

「ミットを動かしただけでプロのキャッチャーは〝ノー〟です。よく〝アウトコースのボールはミットの土手に近いほうで捕って寄せたらストライクに見える〟と言う人もいますが、プロのアンパイアはまず騙されません」

そう言って古田は実際にミットを構えるしぐさをした。

「こうボールに向かって捕りにいくでしょう。ボールには勢いがあるし、重みもあるから、どうしてもミットが前に出ちゃう。一回、前に出たものを戻そうとすると、審判の印象は悪くなる」

ならば、と聞きたくなる。ミットのどの位置で捕球すべきなのか？

「イメージとしては親指と人差し指の間くらいでしょうか。掌で捕ったらボールが落ちる。逆にネットにかかるとボールが出てこなくなる。使っているミットのこの部分（親指と人差し指の間）の革がへこんでくるようになればいいんじゃないでしょうか」

次に捕球のコツだ。ミットを動かすことなく際どいコースをストライクにみせるテクニックはあるのか。

「先回りしてミットを構えればいいんですよ。あらかじめボールの軌道を読んでおいて、実際よりもちょっと下、あるいはちょっと外にミットを置いておく。で、ボールを捕る時に体ごと動かしながらミットを戻す。そうするとミットが流れることなく、バチッと止まって見えるんです」

成否を決める〝縫い目〟の使い方

続いては、盗塁を刺すコツについて。

古田の通算盗塁阻止率は4割6分2厘。11年のセ・リーグの阻止率トップが相川亮二（東京ヤクルト）の3割3分3厘、パ・リーグのトップが大野奨太（北海道日本ハム）の3割2分3厘であることを考えれば、いかに古田の肩が際立っていたかが認識できる。

しかし、単に地肩が強ければ盗塁を阻止できるほど、プロの世界は甘くない。送球の前から既にランナーとの戦いは始まっているのだ。

まずは送球前の動作。捕ったボールを右手に持ち替えて投げる一連の動作を一瞬のうちに完了しなければ時間をロスしてしまう。これをワンモーションで処理しなければならない、と古田は言う。

「昔は〃ミットにボールを当てて、右手（投げるほうの掌）に落として投げなさい〃と教えられましたが、これでは遅くなる。ボールをミットに〃当てて、捕って、引いて、投げる〃じゃなく、ミットごと一緒に持ってきて投げるフォームに入らないと間に合わない。ちょうど両手で円を描くイメージです。そのほうが前の肩も入って投げやすい」

捕球に関してもわざわざミットに当てるように捕る必要はないという。いつもと同じか、少し中（ネットの部分）に入れる程度で十分だと古田は説く。

そして送球に関しては①正確に②素早く③強く、の3点を心がけなければならない。

自著『フルタの方程式』（朝日新聞出版）で、古田はこう述べている。

〈どんなに肩の強い人がいくら速いボールを投げたからと言っても、二塁ベースのはるか上だったら捕球からタッチするまでに時間がかかってしまう。ノーバウンドだろうが、ワンバウンドだろうが、二塁までの時間は大して変わらないのだ。ベースの上、30センチぐらいに球がいけば何とかなるのだと思うようにしよう。何よりも正確さを優先すべきだ〉

問題は「正確さ」を、どう担保するかだ。古田によれば、ボールを握る人差し指と中指をボールの縫い目にきちんとかけて投げられるか否かがカギとなる。

「要はキャッチボールでも必ず（指を）縫い目にかけて投げるクセをつけておくことが大切です。当然ながらフォーシーム（ボールが一回転する際に長い縫い目が4度見える）の握りが一番いいボールがいく。それをピッチャーの頭あたりを目がけてピュッと投げるんです。その場合、基本的にセカンドベースは見ていない。だいたい、あのへんという感覚で投げるんです」

とはいえ、すべてがフォーシームの握りで投げられるわけではない。一流のキャッチャーはボールを捕ってから二塁ベース上に送球するまで、わずか1・8秒でこれを完了すると言われている。握りがしっくりこなかったからといって、ボールをわざわざ持ち替える余裕はない。

もしフォーシームの握りがつくれなかった場合、古田に言わせれば「縫い目が入らなかった」場合はどうするのか。

「これはもう運ですね。（縫い目が指に入った時は）〝きた！　こりゃいける〟という感じになります。二塁にビシューといいボールが投げられますよ。しかし、そうじゃない場合もある。〝ウァー、入ってない〟と思ったら、ちょっと上のほうに投げるんです。すると縫い目にかかっていないので、ボールは伸びませんから、勝手に落ちていいところに行ってくれる。

他にも低めのボールを捕って、体勢が崩れたまま投げなきゃいけないこともある。その時はちょっと左上を目がけて投げるんです。そしたら、腕が下がっているので、勝手にシュート回転して、それなりのところへ行く。後は〝ショートの人、うまくやってください〟という感じでしょうか。仮にワンバウンドになっても、内野手がうまく処理してくれれば、アウトになりますから」

関節の独特な柔らかさ

実は古田にはキャッチャーとしての知られざるアドバンテージがあった。股関節が異様に柔らかいのだ。

元阪神・矢野燿大《あきひろ》の証言が興味深い。

〈古田さんのキャッチングは、手で捕っているというよりも下半身で捕られているように見えるんです。右バッターのアウトサイドにボールが来るとする。そうすると、古田さんの場合、上半身の体勢はそのままで、下半身だけがアウトサイドに寄っていくんです。で、キャッチングの瞬間、グッと身体が内に寄る。手じゃなくて身体が寄るんです。低めのボールにしてもそう。もともと古田さんって、ぺちゃ〜んって座れるじゃないですか。ぼくなんかだと股関節が固いから、低めに来たら手でしか上げられない。でも、古田さんは重心で上げられるんですよ。ベンチから、つまり、横から見ていたらようわかります。（中略）だから、審判にも絶対にストライクに見えるんです。ぼくらみたいに手をちょこっと動かしたりするのは審判にもバレバレなんですけど、古田さんはインコースだろうがアウトコースだろうが、下半身を動かして身体の中心で捕るんで、全部ストライクに見えるんですよね〉（金子達仁著『古田の様』〈扶桑社〉より）

本人にも確かめてみた。

「これは持って生まれたものだと思うんです。子供のころから、いわゆる女の子座りもできた。ヒザの関節も、じん帯も緩めなんです。よく伸びるというか、柔らかいというか……。特にヒザは緩いかもしれませんね。というよりルーズ気味。人に引っ張られるとグラグラッてする時がありますから」

従来、キャッチャーには『ドカベン』の山田太郎のように、デンと構えるイメージがあった。しかし、古田は低く小さく構えた。的が絞られているため、「見やすい」と審判からの評判も良かった。

「関節の緩さが低い姿勢を保つには有利だったのかもしれません。たとえばワンバウンドのボールをヒザを落として体全体で止める。この場合、ヒザの曲がらない人と曲がる人だったら、曲がる人のほうが速く前に飛び出して止めることができますね。ヒザが曲がる分、体重を前にかけることができますから。

僕はワンバウンドも止めるのではなく、捕れそうなら捕っちゃうタイプでした。止めに行くだけでは、ポンと弾いただけで、プロのランナーなら次の塁へ進まれてしまう。結局、後ろにそらしたのと変わらなくなってしまう。どうせ次の塁に行かれるくらいなら、思い切って捕りに行ってランナーを刺しにいったほうがいい。僕がリスクを冒したプレーが得意だったのは、そういうところにも要因があるかもしれません」

人間、何が幸いするかわからない。緩い股関節がキャッチングには有利な低い姿勢を可能にしたことに加え、前への飛び出しをスピーディーにした。その意味で古田は身体的資質に恵まれたキャッチャーだったということができる。

野村の本を全部購入

しかし、プロのスカウトが果たして、そこまで調査していたかとなると疑問が残る。というのも、大学時代、古田は「眼鏡をかけたキャッチャーは大成しない」といわれ、ドラフトでの指名を見送られた過去を持つからだ。

「当時、阪神の監督だった村山実さんが最初におっしゃったんじゃないかと思うんです。これは後日談ですけど、村山さん本人が、テレビか何かで〝オレはキャッチャーが欲しいから獲れと言ったのに、スカウトに『眼鏡をかけたキャッチャーはダメです』と反対された〟とおっしゃったらしいです」

プロから指名されなかった古田は社会人野球のトヨタ自動車に進む。これが結果的には古と出た。日本代表メンバーに選ばれ、88年のソウル五輪に出場。日本代表では野茂英雄、潮崎哲也、石井丈裕、渡辺智男《とみお》らそうそうたるピッチャーのボールを受けた。

「これは自信になりました。というより〝何で、コイツらがプロに行ってないんや？〟と思ったものです。皆、ストレートは楽に150キロ前後出るし、変化球はビュッと曲がる。西村龍次《たつじ》や、湯舟敏郎もドラフト1位ですけど、彼らですら、あの頃の日本代表には常時、入っていませんでしたから」

89年のドラフトでヤクルトから2位指名を受け、プロ入り。ちょうど時を同じくして野村が監督に就任した。指揮官の野球を理解するため、本屋にあった野村の著作をすべて買ったというのは有名な話である。

「僕は当時24歳ということもあって、とにかく早く試合に出なきゃいけなかった。そのためには、監督に気に入られるというか、監督の目指す野球を理解しなければならない。そこで本屋に行ったら、野村さんの本が4冊あった」

——本の中で印象にのこっているくだりは？

「ひとつ役に立ったのは〈足の速いキャッチャーは大成しない〉というくだり。詳しくは覚えていませんが、だいたい、こんな内容でした。〈自分で言うのもなんだが、大成したキャッチャーは一に野村克也、二に森祇晶《まさあき》と言われている。この二人に共通しているのは足が遅いことだ〉と。そして、こう続けていた。〈足の速い選手はおっちょこちょいな性格を持つものが多いので、思慮深さが要求されるキャッチャーというポジションには向かない〉と。

僕がヤクルトに入った時、飯田哲也という俊足強肩のキャッチャーがいた。彼は僕より3つ年下でした。バッティングも良くて、ユマ・キャンプでは柵越えを連発していた。こっちは全然飛ばない。強力なライバルですよ。

でも僕には妙な余裕があった。こいつ、監督好みのキャッチャーじゃないから、いずれコンバートされるだろうなと（笑）。案の定、春先に二塁へコンバートですよ。野村さんのいう適材適所ってヤツでしょう。周りは驚いていたようですが、僕は野村さんの本を事前に読んでいたので少しも驚かなかった」

無知を知れ！

入団した年、キャンプイン前日の野村のミーティングは古田にとってカルチャーショックそのものだった。

「今でも忘れられない」

そう言うのだから、よほどインパクトが強かったのだろう。

「普通なら〝監督の野村です。オレはこういう野球をやる。だからキミたちはこうしてくれ〟。だいたい、こんな感じでしょう。ところが野村さんは違った。僕たちがペンとノートを持って机の前で待っていたら、ドアがガチャーンと開いて、バーンと監督が入ってきた。そのままホワイトボードの前に行き、いきなり〝耳順《じじゅん》〟って書いたんです。この間、一言もなし。そしてマジックをバーンと置いて、僕たちの方へ向き直り、こう言いました。〝おい、この言葉を知っているヤツ、手を挙げい！〟。こんな言葉、誰も知るわけがない。基本的に野球選手は勉強が嫌いですから（笑）」

耳順——。これは論語に出てくる「六十而耳順《ろくじゅうにしてみみしたがう》」という一節で「60歳になると、人の言うことを逆らわずに聞くことができる」という意味である。

自著『ノムダス　勝者の資格』（ニッポン放送プロジェクト）で野村はこう述べている。

〈本来、私がよく色紙に書く「六十歳」を意味する「耳順」は、完成された人間が他人のいうことを耳に逆らうことなく素直に聞く、という意味である。

けれども私の場合、今までが不勉強であり、無知なので、とても完成どころではなく、にっこり微笑みつつ穏やかに聞くなんてことはとてもできない。

むさぼるように聞く。

身を乗り出して聞く。

顔を輝やかして貪欲に聞く。

とにかく今は、こんなふうに人の話を聞いている。あらゆる職業、あらゆる階層の人の話が面白くてたまらない。なぜ面白いのかといえば、それによって私の「無知」が一つ減り、わずかながら成長できるからである。その限りにおいて、私は今も賢くなりつつある、といったのだ。

私はよく選手たちに、「無知」を自覚せよ、自分はモノゴトを知らないことを知れ、とやかましくいう。野球以外のいろいろなことを知ることによって「無知」が自覚できるのだ、と〉

話を野村のミーティングに戻そう。全員が下を向いていると、野村はニコリともせずにこう吐き捨てたという。

「人間として成長しなかったら、野球なんか成長しないんだ。ボケェ！」

古田の回想。

「野村さんは要するにミーティングを通じて自分の求心力を高めたかったんだと思うんです。

オレがリーダーなんだと。ご本人が〝監督の一番大事な仕事は人間教育〟と語っているように、まず学ぶ姿勢を教え込む。ここは徹底していましたね」

イチローとボール球で勝負

キャッチャーは優秀な心理学者であらねばならない。投手心理、打者心理に加え、味方ベンチの心理、相手ベンチの心理、さらにはアンパイアの心理まで読んで配球を組み立て、ゲームをコントロールしていくのである。

18年の現役生活で古田の頭脳が光った場面を2つ紹介しよう。まずは95年、オリックスとの日本シリーズだ。

このシリーズ、メディアは「イチロー対古田」という図式を描いた。結論から言えば、古田のリードが冴えわたり、イチローを19打数5安打に封じた。打率にすると2割6分3厘。シリーズも4勝1敗とヤクルトに軍配が上がった。

いったい、どのようにして古田はイチローを封じたのか。

「95年といえば阪神大震災のあった年で、街をあげて〝がんばろう神戸〟で一丸となっていた。日本中がオリックスの味方という感じで、正直言って〝このチームに勝っていいのかな〟という雰囲気が漂っていました」

こう前置きして、古田は続けた。

「しかし僕らにもファンはいるわけだし、負けるわけにはいかない。では、どうすれば勝てるか。シーズンが終わって日本シリーズが始まるまでに10日くらいあった。その間に〝イチロー頼むぞ〟という気運がものすごく盛り上がってきた。〝ヤクルトやっつけてくれよ〟と。

そこで僕は考えた。これだけ期待がかかるとイチローの身に何が起きるか。〝打たなきゃダメだ〟というプレッシャーが日増しに強くなっていくはずなんです。本来、彼の仕事は出塁することなんだけど、もうそれだけではファンは満足してくれない。フォアボールではファンをがっかりさせることになるんです。そうなるとストライクは必要ない。たとえばフルカウントになったとします。シーズン中だとボール気味の球なら見送ってフォアボールを選ぶでしょう。

でも、もうそれじゃファンは許してくれない。球場中が〝頼むぞイチロー！〟となっているわけですから。だから僕はフルカウントからでも、あえてストライクを要求しなかった。ボール気味の球でも、今のイチローの心理状態ならバットを振らざるを得ないだろうと思っていましたから。案の定、イチローはボール球に手を出し、勝手に調子を崩してくれた。狙いがピタッとはまったシリーズでした」

ピンチでど真ん中を要求

もうひとつが01年7月18日、神宮での広島戦である。

「再生工場」とは師である野村の代名詞だったが、愛弟子も負けてはいない。その典型的な例が巨人をクビになった入来《いりき》智《さとし》である。

4回表、1死一塁の場面で入来―古田のバッテリーは5番ルイス・ロペスを打席に迎えた。広島で最もチャンスに強い要注意のバッターである。できればゲッツーに切ってとりたいところだが、ひとつコースを間違うと長打を浴びかねない。ここで古田は真ん中にミットを構えた。サインはストレート。体をインサイドに寄せることすらしない。

入来はギョッとした。巨人なら、ここではセーフティファーストのスライダー。インコースのボールを求めるなら、キャッチャーは体を右バッターに近づけて、指示を徹底する場面である。

ところが古田のミットはど真ん中に置かれてあり、しかもサインはストレート。すなわち切迫した場面で〝ど真ん中のストレート〟を球界一の知性派キャッチャーは力投派に求めたのである。ここが踏ん張りどころと気を引き締め直した入来は、古田のミットめがけて、腕を目一杯振った。力むとボールがシュート回転するのが彼のクセである。

入来の投じたストレートはナチュラルのシュートがかかり、ロペスの胸元をえぐった。鋭い音を発した打球はサード岩村明憲の前に力なく転がり、結果は5―4―3のゲッツー。ピンチの芽を絶妙のリードで摘み取った。古田はベンチに帰ってくるなり、こう叫んだ。

「計算通りや！」

このシーンを解説してくれたのが、バッテリーコーチの中西親志《ちかし》である。

「さすが古田だと思いましたね。古田は入来が力むとボールにシュート回転がかかるのを知っていて、あえてど真ん中にミットを構えた。彼はピッチャーの特性をすべて把握していて、ここぞという場面でそれを引き出すんです。言い方をかえれば入来はうまく古田に操られた。こんな高度なリードができるのは古田くらいのものでしょう」

この年、入来は10勝（3敗）をあげ、ヤクルトの日本一に貢献した。

古田のリードには上質のミステリーを読むような趣がある。何度、話を聞いても新鮮な発見があるのは、現役時代、頭脳と五感を駆使してきた何よりの証拠に他ならない。

8番◎ショート

川相昌弘

MASAHIRO KAWAI

読売巨人軍2軍監督

打てなくていい。
バントをやって、しっかり守る。
非力な僕は
これで生きるしかなかった

川相昌弘（かわいまさひろ）
1964年、岡山県出身。
83年、読売巨人軍入団。
03年、引退を表明するも撤回。
その後、中日ドラゴンズへ入団テストを受けて移籍。
06年に引退後、
07年に同チームのコーチに就任し、
10年には2軍監督を務め、
11年より巨人の2軍監督に。
●
ゴールデングラブ賞：6回（89〜91年、93〜94年、96年）
ベストナイン：1回（94年）
通算犠打数：533（世界記録）

突然の契約解除

２０１０年、川相昌弘は中日ドラゴンズの2軍を指揮していた。ウエスタン・リーグの全日程が終了した翌日、球団から電話で呼び出された。2軍は10月から宮崎でのフェニックスリーグに参加する。来季に向け、どんなスケジュールで2軍選手を鍛えるか。その話し合いだとばかり思っていた。

ところが、である。

「いきなり言われました。〃来季は契約しない〃と。寝耳に水と言われれば寝耳に水ですね。来季のことを考えていた矢先だったものですから……」

プロ野球は非情な世界である。紙切れ一枚、いや電話一本で契約の解除を告げられる。それが契約社会の掟であり、情がからむことはほとんどない。

落合博満監督（当時）には、どのような別れの挨拶をしたのか。指導方針を巡る対立などもあったのか？

「〃7年間お世話になりました〃と言うと〃長いことご苦労さん〃。このひと言だけでした。どの選手を2軍で使っておいてくれという指示はもちろんありました。指示どおりに使ったケースもあれば、使わなかったケースもあります。こちらにもこちらの考えがありますから。そういうなかで、たまには気に入らないこともあったとは思います。しかし落合さんの下で4年間コーチ、2軍監督をやらせてもらい、監督のやろうとしていた野球を多少は手助けできたという自負はあります。

落合さんの野球は基本に忠実です。たとえば走塁ひとつとっても、手を抜かずにしっかり走る。塁に出れば、常に次の塁を目指す。バントのサインが出れば確実に決める。コーチとしては監督の目指す方向性に従って準備をするわけです。その結果、2軍では犠牲バントの数は137でリーグトップ。盗塁（105）は福岡ソフトバンクに次いで2位でした。多くの選手が伸びてきたと実感していただけに、チームを離れるのは残念といえば残念です」

古巣から7年ぶりの声

しかし、捨てる神あれば拾う神あり。

川相の退団情報を聞きつけ、すぐに声を掛けてきたのが古巣の巨人である。

「中日を辞めたからといって遊んでいるわけにはいかない。仕事は続けなければならないわけで、ちょうど巨人が声をかけてくれた。いいタイミングでした」

今から9年前、03年のオフ、川相は〝渦中の人〟だった。

巨人、原辰徳監督の突然の〝解任〟、堀内恒夫の新監督就任。渡邉恒雄オーナー（当時）の「人事異動」発言もあって、オフの巨人は大揺れに揺れた。

そのとばっちりをもろにくったのが川相である。シーズン終盤、原から直々にコーチ就任を打診され、そのために現役引退まで表明しながら、監督が代わったことで全ての約束を反故にされてしまったのだ。

「もう、ここはオレのいる場所じゃない」

そう判断した川相は落合が監督に就任したばかりの中日の入団テストを受け、晴れてドラゴンズの一員となった。

当時の経緯を、かつてこう語っている。

「(原監督の解任には）皆、ショックを受けていました。でも一番複雑な心境だったのは僕です。監督が代わった以上、自分は今後どうなるのか。先の予定が立たないから早く状況を知りたい。しかし何も連絡がない。やっと辞任会見から1週間後に球団から連絡がありました。その間が長かった。最低でも〝すぐには決まらないからもう少し待ってくれ〟という電話が欲しかった……」

もう二度と戻ることはないとの覚悟で飛び出した球団のユニホームを再び着るのだから人

生とは分からないものだ。

巨人へのわだかまりはないのか?

「あぁ、もうそれは全くないですね。巨人には感謝の気持ちでいっぱいですよ」

7年の歳月が怨讐をきれいに消し去ったようだ。ひとつの球団を辞めた後、また次の球団から声がかかるのはコーチとしての腕が評価されている証拠である。

まずは転がす方向を決める

川相と言えばバントだ。現役時代、コツコツと積み重ねてきた犠牲バントの数、実に533。もちろん、これは世界記録である。

11年から公式球は低反発の、いわゆる〝飛ばないボール〟に統一された。ロースコアのゲームが多くなり、バントの成否はより重みを増した。

その点を川相はどう考えているのか。

「バントの重みは選手もわかっていると思います。ただ今までは、そのやり方だったり、考え方があやふやだったのではないか。闇雲に練習をやったところでうまくなりません。どうすれば成功の可能性が高くなるのか。それを知るだけでも全然、違うと思いますね」

では、どうすればバントの技術は上達するのか。闇雲に打球の威力を殺すよりも打球の方向性を先に決めるほうが成功の可能性が高い。それが、かねてからの川相の持論である。

「僕の場合、(打球の)方向性を重視しながら、勢いを殺せたらさらにいい。そういう考えでやってきました。もし打球が強過ぎても、安全なゾーンに転がすことができれば大体は成功します。その一方で、いくら打球の勢いを殺せてもピッチャーの正面に行けば失敗に終わる確率が高い」

川相が犠牲バントの重要性に目覚めたのはプロ入団7年目である。それまでは1ケタ台だった犠牲バントの数が一気に32にまで増えるのだ。ちょうどそれは、川相がショートのポジションに定着し始めた時期と重なる。

「あの頃からバントについて真面目に考えるようになったんです。もちろん、それまでも大事なものだとは思っていたんですが、やっぱりレギュラーを掴もうと思うと、これをきっちりこなさないことには使ってもらえない。非力な僕は、これで生きるしかない。だから打てなくてもいいから、まずバントをやってしっかり守ろう。そういう気持ちしかなかったですね」

コツン、コロコロ——。狙ったコースに正確に打球を転がすためには、正しいフォームで

構えなくてはならない。川相ほどの名手になると、バントの構えを見るだけで、うまいか下手か瞬時に判別できるという。

「バントの得意な選手は、パッと構えただけでピッチャーや内野手から見れば〝あっ、コイツはうまいな〟ということがわかります。かたちが決まっているんですよね。こういう選手は大体、狙いどおりのコースに打球を転がすことができます。自分の体で勢いを吸収することができるようになればシメたものです」

球威を体全体で受け止める

バントは腕だけでするものではない。体全体を使って狙ったコースにコロコロと打球を転がす。その際、打球の威力を吸収することが肝心となる。

「僕は、バットを引くというより、体全体でボールの勢いを受け止めることが大事だと考えます。逆にボールとぶつかってしまうとコツンではなくコンと強い打球になってしまう。

いくらバットの先っぽに当てて勢いを殺そうと思っても、手先とバットだけではボールを殺せないんです。だからバットの先っぽに当てつつ、体全体を使って一瞬、グッとボールの威力を吸収する動きをする。これができれば成功の確率はかなり高くなります」

現役時代の川相のバントの成功率は9割を超えた。明らかな失敗は、ほとんど見たことがなかった。

「バントだからといって力を抜き、腕だけでポンとやるのは愚の骨頂です。バッティングするときに足に力を入れて踏ん張るように、同じ構えでバントもやらなければならない。打球を飛ばさない時こそ、むしろ体に力を入れる。そうしないとボールの勢いを体全体で吸収することができないんです」

川相が言うようにバントだからといって力を抜いたり、異なる構えで打席に立っていたのでは、バッテリーや内野手に狙いを見破られてしまう。バントシフトに阻まれるのがオチだ。通常のバッティングと同じフォームでボールを待つというのは、バントだと気づかれないためである。

「バント、バスター、エンドラン……何をやるにしてもスタンスが同じでなければ、すぐに見破られてしまう。それは足の位置だけではなくグリップの位置についても言えます。

たとえばバントの時はバットを軽く持つ。サインを見て、バットをやや長めに持ちかえれば〝バスターにかわったな〟とキャッチャーに見破られてしまいます。グリップエンドの余し方を見ただけで、キャッチャーはバッターの狙いが手に取るようにわかります。

僕がドラゴンズの1軍内野守備走塁コーチをしていた時、高代延博コーチ（現オリックスヘッドコーチ）とともによくバッターの狙いを見破りました。これはバントなのか、バスターなのか……。まず足の位置を見る。これで大体はわかるのですが、わからない時はグリップエンドの位置を見る。それでもわからない時は体重移動を凝視する。簡単に言うと、体重が前に乗っている時はバスターはまずできません。優秀なキャッチャーは、それをキョロキョロ見るだけで見破ることができるものです」

10年の巨人の犠打数76は12球団でワースト。11年もリーグ5位（124個）だった。「鉄は熱いうちに打て」というように、基本は2軍時代に徹底して仕込まなければならない。叩き上げの川相は、その意味でうってつけの指導者と言えるだろう。

藤田監督に守備力を買われる

高校時代は投手で5番。岡山南高の主力選手として甲子園に2度出場した。

そして82年の秋、ジャイアンツにドラフト4位指名を受け、入団した。

高校時代はエースとしてならした川相だが、176センチの身長ではピッチャーとしてやっていくのは難しい。目を見張るほどのスピードボールもない。何より「60」という大きな背番号が、球団の期待の薄さを示していた。

入団して野手に転向した83年は1軍の出場機会なし。翌年は18試合に出場したが、打率1割1分1厘という記録しか残していない。

守備はうまいが非力で目立たない選手——これが入団後、しばらくの間、私が抱いていた川相の印象だ。

そんな川相にチャンスがめぐってきたのは、監督が王貞治から藤田元司に替わった89年だ。ショートでの安定した守備力を買われた川相は出場機会を大幅に増やし、打線では貴重なつなぎ役を任された。先述のように、このシーズンは32犠打を記録。〝バント屋〟稼業がスタートした年でもある。

もちろん、ただバントがうまいだけではレギュラーポジションは確保できない。ショートというポジションは打撃よりも守備が優先される。

藤田は「ピッチャー中心の守りのチーム」をつくろうとしていた。それには川相の守備力が必要だった。川相とて最初から名手だったわけではない。高校時代はピッチャーだ。入団当時、2軍の守備コーチだった須藤豊に守備のイロハのイを教わった。

「ノックどころか、須藤さんが転がしたボールに向かってダッシュし、（捕球の）かたちをつくる。ボールを捕り、ステップして投げる。それを徹底してやりました」

篠塚の動きを真似る

プロ入り3年目、川相に転機が訪れる。初めて参加した1軍のキャンプで、ある手本と出会うのである。

「それまでは一生懸命にボールを追いかけ、一生懸命に捕って投げる。その繰り返しでした。ところが先輩たちを見ると僕のようにバタバタしていない。ササッと捕って簡単に投げるんです。〝なんで、この人たちはこんなに簡単に、そしてこんなに上手にプレーできるのだろう〟。それが僕には不思議でした」

当時の巨人の内野のレギュラーはサードが原、セカンドが篠塚利夫（現・和典）、ファーストが中畑清という布陣だった。

簡単に、しかも華麗にプレーしている先輩たちの中でも、とりわけ目を奪われたのが篠塚の動きだった。

「篠塚さんは難しい打球を全て、簡単そうにさばく。〝なぜ、この人はこんなことができるんだろう……〟。不思議に思い、篠塚さんの真似をするようになりました。

そのうちに、あることに気が付いた。篠塚さんはボールを追いかけている時の頭の位置が低いんです。しかも上下動しない。〝あっ、これだ〟と思いました」

頭の位置が低ければ、必然的に地面と目の距離が近くなる。そのため、体の上下動が少なくなり、捕球の際に視線がブレない――。

「篠塚さんと同じ動きでボールを追うと、バウンドの山や形がよく見えるんです。山の連なりがはっきり見てとれる。要するにボールが描く放物線が下がってきた地面に近いところで捕ればいいんです。ここなら打球の威力も弱まっている。だから簡単に処理することができる。

それまではボールの放物線を確認することなく、ただ勢いに任せてグラブを出していた。だから打球と衝突するようなことがあった。ところが、〝放物線の法則〟がわかると、慌てず落ち着いて（打球を）さばくことができる。打球の勢いが落ちたところでサッとすくってやればいい。

目を上下動させないためには、ヒザの角度を一定に保つことが求められます。ヒザが伸びたり縮んだりすると上半身も不安定になり、打球のさばき方がぎこちなくなる。篠塚さんのプレーを真似ることで守備に関するあらゆる疑問が解けました」

構えは早くても遅くてもダメ

上達の秘訣は「目で盗め」というわけだ。現在の球界で、手本になるような名手はいるのか。

「少年野球やアマチュアの選手に〝誰を真似たらいいの？〟と聞かれたら中日の井端弘和の名前をあげたい。あとは東京ヤクルトの宮本慎也、広島の石井琢朗。

彼らに共通して言えるのは堅実で丁寧だということです。ゴロを捕る体勢に入った段階のかたちができている。具体的に言うと、内野手は、自分の何メートルか前にゴロが飛んできたところで構え始めるでしょう。踏み出す左足に体重が移る前、まだ右足に（体重が）かかりながら〝さぁ、捕りますよ〟と構えた時のかたちがしっかりできているんです」

構えに入る体勢が早いということなのだろうか？

「いや、これは早過ぎても遅過ぎてもいけません。早く構えると動けなくなる。要するに構えたときに、ボールを〝いつでも捕れます〟というかたちができているかどうかなんです。わかりやすく言えば足幅がしっかりとれていて、低い体勢になっているかどうか……」

話を聞いていて思い出したのは長嶋茂雄のエピソードだ。長嶋というとバッティングでの勝負強さに関するエピソードばかりがクローズアップされるが、守備も超一流だった。

かつて代打男として鳴らした広島の村上（旧姓・宮川）孝雄から、こんな話を聞いたことがある。

「私たちの世代のナンバーワンといえば長嶋茂雄さんを措いて他にはいないですよ。プロに入って何年目だったか忘れましたが、古葉（竹識《たけし》）が三塁線に痛烈な当たりを放った。ファウルになるかならないかというギリギリの打球。普通のサードなら間違いなく長打になっていますよ。ところが長嶋さんは特にライン方向に寄っているわけでもないのに、普通の位置からパッとゴロに飛びつき、クルッと一回転して立ち上がると、そのままファーストに矢のようなボールを送ったんです。

打ったのが俊足の古葉で、ましてや抜ければ長打コースの打球。どんなに巧いサードでも間一髪のアウトが精一杯ですよ。それなのに古葉が一生懸命に走ったにもかかわらず、悠々とアウト。あのプレーを目の当たりにして〝確かにこの人はミスターと呼ばれるはずだな〟

と納得しましたね。後にも先にも、あんなプレーは見たことがないね」

長嶋はバッティングに際しても守備に際しても、「さぁ、いらっしゃい」という気持ちでボールを待ち受けたという。これが一番、自然体でボールを待てるというのだ。

「まさに、そういうことです。最初は（ボールが）バットに当たる段階で構える。で、ボールを追いかけ、〝はい、捕ります〟といったかたちをつくる。この流れが自然にできている選手のプレーは見本にしていいと思います」

手首を立てて送球

ゴールデングラブ賞6度受賞の名手の言葉だけに説得力がある。現在、巨人には坂本勇人《はやと》という伸び盛りのショートがいる。川相の目に若きエリートの姿は、どう映っているのか。

「天性のものは持っている選手ですが、まだ足が使えてない。彼の身体能力からしたら半分とは言えないまでも70パーセントくらいしか使えていないんじゃないでしょうか。

下半身が使えるようになったら、もっと守備範囲が広がるし、スローイングもうまくなる。スローイングのミスが多いのは、要するに足元がブレているからなんです。足が使えていないからスローイングもブレてしまう。

もっとボールを追いかけている時から足を使わなくてはならない。ゆっくり追いかけていって、ギリギリでボールを処理していたのでは最後、スローイングがきつくなる。ボールに対して先回りするという意識が大切です」

では下半身をより使えるようにするには、どのようなトレーニングをすればいいのか。

「練習の時からイージーなゴロに対しても足を速く動かし、いい体勢でボールを捕る。捕ったらすぐ投げるという意識を強く持つことでしょう。これをやり続けるのはしんどいことですが、根気よくやり続けることが大切です。若いときに楽な練習をしていたら、ある程度のレベルにまでしかいけない。基本を徹底して繰り返すことが重要です」

もうひとつ、スローイングが安定しない選手には共通点がある。

「手首が寝てしまっているんです。具体的には、たとえば体勢を崩して下から送球する場合でも手首が寝てしまってはダメ。そうするとボールがシュート回転になる。これが悪送球の主たる原因です。だから、ボールを捕り、右手に移す段階で、パッと手首を立てておかなくてはならないんです」

身振りを交えて、川相は説明した。描写すれば、この時の川相はカマキリのカマのように手首をもたげていた。キャッチボールの時から手首を立てることで、理想のかたちをマスターすることができるのだという。

2軍時代の精神教育も重要

2軍監督には、技術を教えることのみならず精神面での指南役としての役割も求められる。2軍暮らしの長かった川相は、そこで得たものが指導者としての自らのバックボーンになっているという。元中日の今中慎二、中村武志との鼎談で、川相は野球漬けだった遠い日々をこう振り返っている。

〈僕らの時代は遠征先での門限も厳しかったよ。ナイターの日でも夜は12時。試合が終わるのが9時頃でホテルに戻るのが10時過ぎだから、自由時間は2時間ないくらいだった。だから、すぐご飯を食べていったん戻ってくる。マネージャーが各部屋を回って点呼をとるからね。「いるか？ 顔出せ」って。

そのうち、部屋は回らなくなったんだけど、今度は12時近くになるとロビーの前で座って待っている（笑）。それに武志が言うように髪型とか服装も厳しかったよね、やっぱり。先輩はもちろんだけど、1軍、2軍の監督、コーチ、それに選手寮の寮長も含めて目上の方たちからは野球の技術以上に厳しくされていたから。本当にうるさく言われた（笑）〉

〈最近の巨人の若い選手は後ろ髪を長くしている子もいるけど、中日は今でもちゃんとしているよね。僕がドラゴンズに来て思ったのが、当時の最年長クラスは立浪だったじゃない。彼はしっかりしていたもんね。若い選手の服装とかが乱れていたら怒っていたし、PL学園のOBということもあって、他球団でも後輩には厳しく言っていたのを覚えている。だから、今の年長者である井端とか岩瀬もしっかりしているじゃない、見た目から。それは中日の素晴らしい伝統だと思うんだよね。他球団の若い選手にも見習ってほしい〉（いずれも今中慎二著『中日ドラゴンズ論』〈ベスト新書〉より）

川相にはこんな記憶もある。

2つ先輩の駒田徳広が国産車から外車に乗り換えた時のことだ。それを知った助監督の王がこう言って烈火のごとく怒ったという。

「おい駒田、10年早いぞ！」

上京したばかりの川相は当初、ホンダのシビックに乗っていた。外車に乗り換えたのはレギュラーを獲ってからだ。

「最近はプロに入ってすぐ外車を買う子が多いですね。ドラゴンズでも最初にいきなり外車を買う子がほとんどでした。別に外車が悪いとは言いませんが、僕らが若い頃は武宮敏明さんや藤本健作さんという怖い寮長がいて、いきなりいい車を買ったりすると口うるさく言われました。2軍時代には多少、そういう心構えに対する教育も必要かもしれません」

巨人の2軍にはダイヤモンドの原石がゴロゴロ転がっている。それらを磨き上げ、発光体にするには指導者のWILLとSKILLが必要である。古巣での人材育成は、叩き上げの指導者にとって願ってもないミッションであると言えよう。

9番◎ピッチャー

千葉ロッテマリーンズ

成瀬善久

YOSHIHISA NARUSE

ボールの出所を見えにくくすること、そして実際の球速より"速く感じさせること"を意識

成瀬善久（なるせよしひさ）
1985年、栃木県出身。
横浜高を経て04年、
千葉ロッテマリーンズに入団。
07年、開幕からローテーション入りし、
16勝1敗の好成績を上げる。
08年には日本代表として北京五輪に出場。
10年、ポストシーズンの活躍で
チームの日本一に貢献。

●

最優秀防御率：1回（07年）
最優秀投手：1回（07年）
最優秀バッテリー賞：1回（07年）

おかわり弾をゼロ封

低反発の統一球、いわゆる〝飛ばないボール〟の影響で2011年のプロ野球はホームラン数が大幅に減った。そんななか、ひとり打ちまくったのが本書で4番にラインナップした埼玉西武の〝おかわり君〟こと中村剛也である。48本のホームランを放ち、自身3度目のホームラン王に輝いた。

プロ野球におけるホームランの日本記録は55本である。王貞治（64年）、タフィ・ローズ（01年）、アレックス・カブレラ（02年）がレコードホルダーだ。

では、彼らが放った55本はそのシーズンの全ホームラン数（両リーグ合計）の何パーセントを占めていたか。つまりホームラン占有率だ。

答えは以下のとおり。王貞治＝3・8％、ローズ＝3・1％、カブレラ＝3・2％。さらに調べてみると、中西太は53年、36本塁打ながら4・4％というホームラン占有率を記録しているのだ。2リーグ分立以降、これこそは知られざるアンタッチャブル・レコードだ。

11年の中村は、ライオンズの偉大なる先輩が持つ〝日本記録〟を58年ぶりに更新した。実に5・1％の占有率をマークしたのだ。

統一球の導入により分母の数が減ったなか、この数値は驚異的だ。これまで長距離砲と見なされていたバッターが軒並み飛距離を失うなか、ぶっちぎりの強さで、彼ひとりが持ち前の放物線に磨きをかけ、ホームランダービーを制した。

ヘッド兼打撃コーチの土井正博は「もし、昨季までのボールだったら、今年のおかわりはホームランを60本台に乗せていたよ」と語っていた。

そんな中村にも天敵はいる。これから紹介する千葉ロッテの成瀬善久である。

成瀬と中村の11年の対戦成績は18打数3安打、0本塁打、0打点、4三振。打率はわずか1割6分7厘である。

中村は語っていた。

「僕、成瀬は苦手なんです。全然、打っていない。実際のスピードはそんなに速くないのに、表示よりも速く感じられる。ボールにスピンがきいているんです。しかも、投げ方が独特でしょう。（隠れていたボールが）いきなり出てくる感じ。だからタイミングを取るのが難しい」

では成瀬は中村について、どう考えているのか？

「いや、すごいバッターだと思います。バッティング練習を見ていると軽く振っただけでもフェンス直撃ですから。中村さんがあれだけホームランを量産できたのは、ピッチャーが意識し過ぎたからかもしれませんね。〝飛ばないボールだけど油断しちゃいけない〟と考え、コースを狙い過ぎると、逆にコントロールが甘くなっちゃうんです。

それよりも〝飛ばないボールだからホームランはないよ〟くらいの気持ちで楽に投げた方が結果はよかった。ただ実際問題、中村さんだけは芯に当たれば〝飛ぶボール〟だろうが〝飛ばないボール〟だろうが関係ないでしょうけどね」

おかわり封じの秘策はあるのか。

「基本はインコースの真っすぐです。内側をとことん突き、最後は高めのつり球とかチェンジアップ。これまではチェンジアップをよく振ってくれたので助かりましたね」

11年が不調だった要因

中村封じには成功したものの、11年の成瀬は初めて負け越した（10勝12敗、防御率3・27、26試合、189イニング2／3）。その理由を探る前に1軍定着以来の彼の投手成績を列挙してみる。

06年＝5勝5敗、防御率3・45、13試合、78イニング1／3。

07年＝16勝1敗、防御率1・82、24試合、173イニング1／3。

08年＝8勝6敗、防御率3・23、22試合、150イニング2／3。
09年＝11勝5敗、防御率3・28、23試合、153イニング2／3。
10年＝13勝11敗、防御率3・31、28試合、203イニング2／3。

統一球の導入で、ほとんどのピッチャーが防御率を改善するなか、数字を見る限り成瀬は恩恵に浴することができなかった。

ちなみに、11年のパ・リーグ防御率1位は田中将大（東北楽天）の1・27。以下、ダルビッシュ有（北海道日本ハム、現テキサス・レンジャーズ）＝1・44、和田毅（福岡ソフトバンク、現ボルチモア・オリオールズ）＝1・51、杉内俊哉（福岡ソフトバンク、現巨人）＝1・94と1点台が4人もいた。

成瀬の実力をもってすれば、3・27（リーグ16位）という防御率は決して褒められたものではない。不振の原因はどこにあったのか。

「10年のシーズン、僕は初めて200イニング以上投げました。クライマックスシリーズ（CS）、日本シリーズもフル回転した疲れが思っていた以上に残っていた。開幕当初は平気だったんですが、シーズン中盤から終盤にかけて全体的にスピードが落ちましたね。僕の場合、疲れてくると左の脇腹あたりに張りが出てくる。そうなると腕が横振りになり、バッターにはボールが見やすくなる。そこが全体的によくなかったのかな、と分析しています」

本人も語るように、10年の成瀬はエースとして大車輪の活躍を見せた。レギュラーシーズンでは13勝をあげ、チームのCS進出の立役者となった。ポストシーズンゲームでも成瀬は奮闘した。CSファーストステージ第1戦では8回途中2失点とゲームをつくると、ファイナルステージではいずれも中4日で第1戦と第6戦に先発し、完投勝利を収めた。日本シリーズでも初戦を5回2失点。第6戦は6回2失点とスターターの役割を果たした。ロッテの5年ぶりの日本一は彼の左腕を抜きにしてはありえなかった。

他のピッチャーが休んでいる時期にも投げていたのだから疲労が溜まるのは当然だろう。しかし、それを帳消しにするくらいのアドバンテージが、11年のシーズンは、ピッチャーたちにはあったはずなのだ。

それが先述した統一球の導入である。成瀬に追い風が吹かなかったのはなぜか。

「僕の感覚では統一球はこれまでのボールよりも、ほんのちょっと大きいんです。縫い目がちょっと粗く、太くなった分、そう感じるのかもしれません。それでボールを無理に曲げようとして、ちょっと腕が横振りになった。それが原因でピッチングが狂い始めた……」

やっかいなマリンの風

成瀬は元来、コントロールのいいピッチャーである。10年は203イニング2／3で38四死球だから、1試合（9イニング）あたりの与四死球率は約1・7個。11年は189イニング2／3で19四死球、1試合に換算するとわずか0・9個だった。

まさに精密機械のようなコントロールを誇る成瀬だが、しかし11年のシーズンは制球に「微妙な狂い」を感じていたという。

「統一球は曲がり幅が大きい。それによって右バッターの外を狙ったスライダーが曲がりすぎて真ん中に入ったりすることがありました。あるいはそのまま抜けてしまったり……。

逆に右バッターのヒザ元にスライダーを投げようとすると、曲がり幅が大きくなったため、ヒザを直撃してしまうリスクがあるんです。〝ぶつけてもいいや〟くらいの気持ちならば楽なんですが、こっちだって無駄なランナーはなるべく出したくない。それで手加減すると、今度は真ん中に入っちゃったりとか……」

このように成瀬にとって統一球は扱いづらいボールだった。従来のボールと比べると変化の〝誤差〟はどのくらいか？

「ボール1個分くらいはゆうにあったと思います。しかし、それは普通の球場での話。千葉マリンだと2個弱くらいは違っていました」

周知のようにQVCマリンフィールド（旧千葉マリンスタジアム）は東京湾岸の埋立地にあり、12球団のホームグラウンドで唯一、スコアボードに風速表示が出る。海から吹く風の影響を極力避けるため、球場の外周を壁で覆った構造になっている。海側の外野方向からホームへ向けて風が吹くと、その風が球場の壁で押し戻され、グラウンドレベルでは外野方向への追い風に変わる。

今から20年近く前のことだ。中日からロッテに移籍した牛島和彦から、こんな話を聞いたことがある。

「フォークボールを投げる時は、壁に当たってピッチャー方向にはね返ってくる風の層の下っつらにぶつけるのがミソ。するとよく落ちるんです」

牛島の話を聞きながら、この球場で投げるピッチャーは大変だな、と思ったものだ。球場の構造はもちろん、風の向き、舞い方まで把握しておかなければならない。マリンの風について、成瀬はどう考えているのか。

「ここの風は微妙なところがあって、実際、投げていても分からない時があるんです。たとえば長打を避けようとチェンジアップを低目に投げようとする。ある一定のところから下に投げてしまうと、風の影響を受けてホームベースの手前でワンバウンドしちゃうんです。逆に少し高めにいくと、そのままフワーッと抜けていく時もあります。本当に読みにくい。11年は今までで一番、風で苦労しました。僕が投げている時に限って風速8メートル、10メートルの風が吹くことが多くって……。しかも風が舞っているからポップフライが上がると、もう大変です。

打球がよく伸びるのはポール際ですね。あそこは壁がない部分があるから、風が抜けていくんです。全然、（外野手の）定位置だと思ったフェンス手前の打球がフェンスを直撃することなんてしばしばですね。ショックなのは右バッターが右方向にちょこんと当てた打球が風に乗ってスーッと（スタンドに）入っちゃう時。低い打球はよく伸びるんです。

逆にフライは押し戻されることの方が多いですね。何年か前、アレックス・カブレラに左中間にガツーンと打たれた。もう完璧に打たれた。他の球場なら、間違いなくホームランですよ。ところが、打球を目で追うとボールが上空で止まっているんです。落ちてこない。まさかボールが止まることはないんでしょうけど、本当にそう見えました。

あの時は確か8メートルくらいの風が吹いていた。結局は90メートルくらいしか飛ばず、レフトフライに終わりましたよ。このように放物線の打球がそのままスタンドに飛び込むことは、あまりありません。それよりも怖いのは泳ぎながら前でさばいた打球ですね。ライナー性の打球はめちゃくちゃ飛んでいくんです。フェンス直撃と思った打球がスタンドの中段に突き刺さったりしますから……」

出身・横浜高の指導哲学

成瀬は名門・横浜高の出身である。3年のセンバツに出場し、準優勝を果たしている。1学年下に涌井秀章（西武）がおり、二枚看板で戦った。

04年、ドラフト6巡目でロッテに入団。指名順位が低かったのは、高3の秋に左肩の関唇の手術をしていたからだ。

それにしても、と思う。近年、松坂大輔（ボストン・レッドソックス）を筆頭に成瀬、涌井……と横浜高出身のピッチャーはどの球団でもエース級に成長している。その秘密はどこにあるのか。

「皆、頭がいいと思うんですよね」

こう前置きして成瀬は続けた。

「今、自分は何をすべきか。そのことが的確にわかっている。いくら練習の虫だといっても、練習のやり方を間違えたら故障してしまう。そうした意識は非常に高いですね」

横浜高には2人の名物指導者がいる。監督の渡辺元智《もとのり》と元部長で現コーチの小倉清一郎《きよいちろう》だ。2人は高校時代の同級生、このコンビで春夏合わせて3度の全国制覇に導いている。

選手たちに、どんな指導を行っていたのか。かつて行ったインタビューから、その一部を抜粋してみる。

まずは渡辺。

「私でも間違うことはある。選手には平気でそう言います。（指導者の言っていることを）鵜呑みにするなと。教える側に権威は必要ですが、権威を振りかざし過ぎてはいけません。チームプレーに関しては多少疑問があっても、我慢して協力しないとできあがらない。だけど、個人の技術というのは自分で考えなさいと指導しています。精神的な面にしても技術的な面にしても真に受けなくていいよと言っているんです。それによって監督も人間だなという安心感が出てくるし、親近感も生まれてくる」

横浜高は部員ひとりひとりの〝個人情報リスト〟をつくっている。渡辺はこれをカルテと呼んでいる。

「グラウンドの中にいると選手の変化に気付かないんです。ある程度、1年ぐらい見ていると、こういう人間だなと思いがちになってしまい、そのまま最後まで見てしまうんです。カルテを見ることによって、あの時こんなミスをしたんだなと、普段何気なくやり過ごしてしまっていることが見えてきます。ちょっと気がついたことを、精神的な面にしても技術的な面にしても書いて残しておくだけでいいんです。練習中のミスは必ずゲームにも出るんですよ。それを確認する作業がとても大切になってきます」

続いて小倉。

「ウチは、1年かけてあらゆることを選手に教えています。選手たちに、〝なんだ、たいしたことないな！〟という思いはさせたくないですから。選手たちには、小出しに少しずつ技術や考え方をインプットさせ、〝あとはおまえたちが試合で出すだけだ〟という教え方をしています」

小倉はプレーの質に徹底してこだわる。細部への研究と検証はプロ顔負けである。

「98年の春のセンバツでの出来事。ＰＬ学園との準決勝の8回、1死二、三塁の場面で松坂がサードゴロを打った。次の瞬間、三塁ランナーが本塁に突っ込んだ。タイミング的にはどう見てもアウトなんですが、咄嗟の判断で三塁ランナーはキャッチャーのところへ体を持っていきバックホームの送球に当たったんです。

ボールがファウルグラウンドを転々としている間に二塁の走者も還り、2対2の同点。このプレーがなかったらセンバツでの優勝はなかったかもしれない。そう思わせるほどのファインプレーでした。

以前から〝こういうケースでは返球のコースに入ってボールにぶつかりに行くんだ〟ということは教えていたんです。ただ、それが甲子園の大舞台、相手がPL学園という大事な場面で実際にできるかどうかというのは別問題です。強いチームというのは、この時のように教えたことをちゃんと試合で出せる」

ボールを〝隠す〟フォーム

成瀬のニックネームは〝にゃあ〟。投球する際の腕のたたみ具合が〝招き猫〟に似ていることに起因している。そして、この独特のフォームに、130キロ台の球速ながら日本を代表するサウスポーに成長した理由が隠されている。

バッターが一番嫌がるピッチャーは150キロ台の剛速球を投げる者でもなければ、切れ味鋭い変化球を操る者でもない。ボールの出所が見えにくいピッチャーである。

かつて星野伸之というサウスポーがいた。オリックス、阪神で通算176の勝ち星をあげた。この星野、どんなに力いっぱい腕を振ってみてもストレートは120キロ台。あまりにも遅いため、キャッチャーが素手で掴んでしまったという笑うに笑えないエピソードもある。

球速が遅いことに加え、彼には「ボールが見やすい」という欠点があった。背中越しにボールの握りが打者から丸見えだったのだ。この欠陥フォームを矯正するため、星野はボールを体の側面に隠し、抱えるようなフォームから腕を鋭く振り始めた。力を入れるのはリリースの瞬間だけ。脱力の極みのようなフォームだった。

成瀬のフォームからも力みは全く感じられない。星野同様、ボールの出所は見づらく、腕の振りも小さい。機能的なフォームで07年には最優秀防御率と最高勝率に輝いている。

「ボールを隠すことはずっと前から意識していました。足を上げた時、まず右足で隠す。続いて軸足（左足）で隠す。そして体のラインに沿って腕を上げていく」

小さく腕を振るにあたり、成瀬が一番意識しているのは、「腕を内旋させる」こと。その際、腕は肩で上げるのではなくヒジで上げる。これにより現在のコンパクトなフォームが完成したという。

「僕はシャドーピッチングの時からボールを隠すことを意識しています。2軍の時、打撃投手をやった後は必ず、バッターにボールが見やすいか見づらいかを訊ねていました。

もうひとつ大事にしているのが、足を上げて、バッターにお尻を見せてからの回転スピード。あまり体をひねらずに最短で出す。これが速いとバッターはボールも速く感じるというんです。僕にとってのスピードはスピードガンが表示するものではなく、バッターの体感速度。ここで勝負するしか生きる道はない。だから実際の〝速さ〟よりも〝速く感じさせる〟ことを意識していますね」

シュート系は覚えない

技巧派のサウスポーにとって最大の武器と言えばシンカーである。古くは高橋一三《かずみ》や安田猛、最近では高橋尚成《ひさのり》（ロサンゼルス・エンゼルス）や石川雅規（東京ヤクルト）が得意としている。

サウスポーのシンカーは左バッターのヒザ元をえぐり、右バッターに対しては逃げていく。これを引っかけてくれればサウスポーにとっては思うツボだ。

ところが成瀬はシンカーを始めとするシュート系のボ

ールを使わない。本人に質すと「覚えないようにしている」というのだ。左バッターから逃げていくスライダーに加え、内角を突くシュート系のボールがあれば、もっと左右の幅を広く使えるような気がするのだが……。

「実は一度、左バッターのインコースにシュートを投げてみたいと思って練習したんです。ところがそれによってストレートを投げる際の腕の振りが鈍くなった。スピンもかからなくなりました。

僕はボールのキレで勝負するタイプなので、ストレートの質が悪くなってはむしろマイナスだと。なぜそうなったかというとストレートはできるだけボールを前でリリースしなきゃいけない。ところがシュートは抜けてもいいという感覚があるので、体が無意識のうちに開いちゃうんです。その感覚が残っていると、ストレートを投げる際の腕の振りが緩くなる。同じような理由でカットボールもダメでしたね」

現在、成瀬の球種はストレート、スライダー、チェンジアップ、カーブの4種類。スターターとしては球種の少ない部類に属する。

「僕はストレートあっての変化球だと思っています。ストレートの質が良くないとスライダーもチェンジアップも良くなってこないんです。だから、今後もシュートを覚える予定はないですね。ただストレートがナチュラル気味にシュート回転している時がある。これは〝ありだな〟と思っています」

ロッテの先発ローテーションを守って5年になる。成瀬は1軍に上がった頃、先輩から「先発ピッチャーは3年間、ローテーションを守ってナンボだからな」と言われたことが未だに忘れられない。

「そりゃ肩やヒジが痛い時だってありますよ。だけど、投げられる痛みと投げられない痛みというものがある。もし、自分が〝痛い〟と言ったことでローテーションが変更になれば皆に迷惑がかかる。それだけは避けたいのでシーズン中、ケガだけはしないように注意しています」

ロッテは今季、ドラフトで3球団が競合した、大学ナンバーワン左腕の藤岡貴裕（東洋大）が入団する。何かアドバイスは？

「とりあえず〝東洋大の藤岡〟で勝負してもらいたい。時間はたっぷりあるし、焦る必要はない。それでもダメだったら、いろいろと考えればいい。勝負する前から自分を変える必要はないですよ」

藤岡はいい先輩に恵まれた。

クローザー

新潟アルビレックス・ベースボール・クラブ

高津臣吾

SHINGO TAKATSU

先発なら、”ケガをしたから
休みます“でも通る。
しかしクローザーは、ケガを
我慢しなければ務まらない

高津臣吾（たかつしんご）
1968年、広島県出身。
91年、ドラフト3位でヤクルトスワローズに入団。
93年、20セーブを挙げてヤクルトの
リーグ優勝・日本一に貢献。
03年、プロ野球通算セーブ記録（当時）を更新。
04年、メジャーに挑戦し、
06年にはヤクルトに復帰。
その後、韓国や台湾の球団を経て、
11年から現チーム。
12年より選手兼監督。

●

最優秀救援投手：4回（94、99、01、03年）
日米通算300セーブ達成（06年）
日本プロ野球通算286セーブ（歴代2位）

Photo by Takao Masaki

潮崎のシンカーを盗め！

中日のクローザー岩瀬仁紀《ひとき》が２０１１年6月16日、ナゴヤドームでの福岡ソフトバンク戦でＮＰＢ（日本プロ野球組織）新記録となる通算２８７セーブを達成した。

これまでの記録保持者は元東京ヤクルトの高津臣吾。ＮＰＢでの記録は岩瀬に抜かれたものの、日本、米国、韓国、台湾のトップリーグで通算３４７セーブをあげている。

現在、高津は独立リーグＢＣリーグの新潟アルビレックスＢＣでプレーし、監督も兼任している。ちなみに名球会員が日本の独立リーグでプレーするのは史上初めてのことだ。

「僕自身、もう一度ＮＰＢ、いやそれ以上のレベルのリーグでやりたいと思っています。現実的には難しいんでしょうけど（笑）」

高津といえば、代名詞はサイドスローからのシンカーである。このボールがなければ、彼のプロでの成功はありえなかった。

本人によればシンカーは大学（亜細亜大）の頃から投げていたが、その切れ味は凡庸だった。肝心のストレートも速くなかった。

プロ1年目の成績は13試合に登板して１勝１敗０セーブ、防御率４・23とパッとしなかった。２年目、５勝（３敗）をあげたものの、防御率は４・68と悪化した。ストレートに磨きをかけようとした矢先、監督の野村克也に呼ばれた。

「オマエ、１００キロくらいの緩いボールを投げてみろ。そのほうが抑えられるぞ」

このあたりの経緯について、野村はこう述べている。

〈先発では無理だと考えて、リリーフで、中継ぎで使ってみたんです。そこでまた課題が出てきた。左バッターにカモにされる。球種がとにかく少ない。ストレートとシンカーとカーブ。このカーブがねぇ、球界用語でいうところの〝しょんべんカーブ〟。スーッと曲がる程度のカーブしかないから、左バッターに打たれる。

18歳のルーキーだった松井秀喜にストレートを試してみた。「お前のストレートがどれくらい通用するか勝負してみろ」って言ったら、ガーンとライナーのホームランを打たれた。「お前のストレートはそんなもんだよ。高校生ルーキーにやられるんだから。左バッター対策を考えろ」と、課題を与えました〉（高津臣吾著『ナンバー2の男』〈ぴあ〉）

この頃、パ・リーグにはシンカーを武器にリリーフの柱となっているサイドハンダーがいた。西武の潮崎哲也である。潮崎のシンカーは、当時チームメイトだった清原和博をして「視界から消えた」といわしめた〝魔球〟だった。このボールをマスターせよ、と野村は命じたのだ。

〈潮崎のピッチングをよく見て、100キロくらいのシンカーというのか、チェンジアップというのか、あれを盗みなさいと指令を出した。半強制的に、何が何でも盗めと。

潮崎の場合は、中指と薬指の間からボールが抜ける。手首や腕の使い方をよく見ろと言いました。秋から始めて翌年の春季キャンプの時には100キロくらいの、チェンジアップのようなフワッとしたシンカーが投げられるようになっていましたね。

彼は投げ方がいいですから、新しい球を覚えるのは早い。そのシンカーを左バッターに投げさせたら、面白いように空振りする。それで、左対策ができたから、ストッパーにしようと決心したんです〉（同前）

制球力と丁寧なピッチング

クローザーに転向した93年、高津は56試合に登板し、6勝4敗20セーブ、防御率2・30の好成績をあげ、リーグ優勝、日本一に貢献する。高津にとっての幸運は、キャッチャーが頭脳派で強肩、しかもキャッチングのいい古田敦也だったことである。

高津は語る。

「古田さんには本当に迷惑をかけました。僕に速い真っすぐとスゴイ変化球があれば頭を使

わなくて済んだんでしょうけど、そんなピッチングはできない。ボールを曲げたり落としたり、いろいろなところに投げないと打ちとれなかった。古田さんがキャッチャーじゃなかったら、これほどの記録は残せていなかったでしょう」

古田にも聞いた。

「高津が出現するまでのクローザーの条件は球が速いこと、三振をとれる変化球があることと言われていました。確かに高津には速いボールもなければ、三振がとれる変化球もなかった。しかし、彼にはこうしたピッチャーにはない長所があった。それはコントロールがいいことです。しかも丁寧に投げるから、打たれてもなかなか点をとられない。1点をとられても2点はとられないというのが彼のピッチングの特長でした」

シンカーについてはどうか。

「彼には速いシンカーと遅いシンカーの2種類があった。これをインロー、インハイ、アウトロー、アウトハイの四隅に投げ分ける。単純に言えば4×2で8通りのバリエーションが使えるんです。ところで、シンカーというボールがなぜリスクが小さいかと言うと、いわゆるバットの下っつらに当たるから打球が上がらないんです。前に飛んでもゴロになる。これに対しカーブやスライダーは、バットの上っつらに当たるから、ひとつ間違えると長打になってしまう。つまり常に危険と隣り合わせなんです」

プロ野球には、〝抜けスラ〟という球界用語がある。抜けたスライダーのことだ。バットの芯に当たれば長打は免れない。キャッチャーが最も肝を冷やすボールだ。

翻って、〝抜けシン〟という用語は存在しない。指をかぶせるようにして投げるから、投げ損なっても高目に浮くことは、まず考えられない。高津によれば、卓球のスマッシュ、つまりラケットをかぶせるような要領で上から下に投げるのがコツなのだという。

高津の解説。

「僕の場合、中指でスピンをかける。感覚的には中指の外側。ボールは薬指と小指の間から抜くんですが、イメージとしては小指から抜く感じです。指から離れたボールがブンと振った腕を後ろから追い越していく。そんな感覚で投げています」

人生の2トップ：野村、古田

足立光宏、山田久志、潮崎をはじめ横手投げ、下手投げのシンカーのスペシャリストは少なからずいる。高津がこうした名人たちと一線を画するのは、その使い方である。

一般に、シンカーは右バッターに対してインサイドに沈ませれば、ゴロに打ち取れるようなイメージがあるだろう。ところが高津はアウトコースのボールゾーンからホームベースをかすめるように寄ってきて落ちるシンカーを得意とする。

「これは古田さんの発案によるものです。インコースのボールは、いくら低めにきてもバッターはフルスイングできるからひとつ間違えるとホームランになる。ところが、ホームベースの外から入ってきて落ちるボールはフルスイングできない。バットを出しても、せいぜい先っぽの方でしょう。ゴロに打ち取れる確率が高いんです。

もちろん、インコースに弱いバッターに対してはもろにインコースを攻めます。彼らはインコースをさばくのが得意じゃないので、2球続けてそこに投げておけば、大抵はファウルで2ストライクナッシングにできる。こうなればピッチャーはぐっと有利です」

では、左バッターに対してはどうなのだろうか？

「これも古田さんの教えですが、左打者の場合はストライクからボールになるシンカーを投げろと。外に逃げていくボールだとバッターが追いかけてくれるので、これまたゴロで打ち取れる確率が高いんです」

高津を操縦した古田に再び登場願おう。

「キャッチャーをやっているとよくわかるんですが、バッターにはフルスイングできるコースが2つあるんです。ひとつがアウトハイ、もうひとつがインローです。腕が伸び切るから、思いきりスイングできるんですね。だから、なるべくならこのあたりのボールは避けたい。たとえば相手が右バッターの場合、アウトローでストライクとボールを出し入れしておけば、まず長打をくらうことはない。逆に左バッターの場合は外に逃げるシンカーなら、そう大きな打球を打たれるリスクはないはずです」

もちろん古田理論の中核をなすのは〝野村の考え〟だ。

野村は前掲書で次のように指摘する。

〈高津の特徴は、コントロール、テンポ、度胸のよさと、フォアボールの心配がないことと、低め低めにボールが集められるから大ケガをしない、ということです。

高津は三振を取るタイプじゃなくて、ゴロを打たせる技巧派のストッパーだから、打者心理も読み取らないといけない。私は彼に、研究材料、専門知識を導入してきました。そうしたものを活用して、ピッチングのコツを身につけてきたと思います。だから、コツを知っているから、自信にもつながっているんでしょう〉

ヤクルト時代の古田との関係についても、野村は言及している。

〈また彼は、古田といういい友達を持ちましたね。捕手は、俗に言う感性っていうか、感じる力がなければ仕事ができないんです。感じるから考える。物事はそこから始まる。感性と集中力は、貪欲な向上心や興味や好奇心がないと、湧いてこないと思います。必要と興味が集中力を高める要素なんです。

そう考えると、しっかりとした精神構造が絶対条件となります。「これぐらいやればいいや」「俺はこんなもんだろう」と思ったら終わりです。高津には、常に高いところを目指し、上を狙うという貪欲さがありました。現状に満足しない。それが給料として自分に跳ね返ってくるから、好循環現象となるんです〉（同前）

高津は「人生の2トップ。野村さんと古田さんとの出会いがなければ、今の僕はない」と語っている。

〝遊び心〟を持った優等生

高校（広島工）、大学ではずっと二番手ピッチャーだった。広島工時代は3年の春と夏、2度甲子園に出場したが、マウンドに上がる機会は一度もなかった。同校には上田俊治というプロ注目の本格派右腕がおり、高津はファーストを守っていた。

高津の回想。

「打順は2番。甲子園での成績は春夏合わせて8タコ（8打数ノーヒット）。バントばかりやっていましたよ」

大学は東都大学リーグの亜細亜大学へ。ここには小池秀郎（元近鉄）という大学球界を代表するサウスポーがおり、ここでも高津は二番手だった。

「小池は背は高くないんです。170センチちょっとくらい。ところが体に核があるっていうのか、グリッとした感じで強いんです。特別スピードがあったわけではありませんが、ボールに切れがあり、しかも低めに決まる。本当に糸を引くようなボールでした。いつもブルペンで投げていて〝こりゃスゲェ！〟と思いましたよ」

広島生まれの広島育ち。子供の頃から広島市民球場に通っていたため、地元の広島カープを志望したが、「横手投げはいらん」とソデにされた。

このようにアマチュア時代は、決して陽の当たる道を歩いてきたわけではない。どちらかといえば〝雑草〟の部類に入るだろう。

そんな男がプロで大成功を収めた理由は、古田が指摘する「丁寧さ」であり、研究熱心さであろう。さらに付け加えるならばマウンド度胸だ。本人は「強がっていただけ。実際には眠れない日もあった」と明かすが、心臓に毛が生えているのではないかと思わせるマウンドさばきは、クローザーにとってなくてはならないものだった。

11年、新潟で監督を務めた橋上秀樹（現巨人戦略コーチ）は、高津のヤクルトでの先輩にあたる。ヤクルト時代の監督、野村に気に入られ、楽天ではヘッドコーチなども務めた。

その橋上が、こんな思い出を口にする。

「ヤクルトが15年ぶりに日本一になった93年のオフ。私たちはハワイへ優勝旅行に行きました。あるところでバンジージャンプをやっており、私は選手5、6人と〝すごいなぁ〟なんて言いながら見ていた。

そこで私は冗談で〝誰かバンジージャンプをやるヤツがいたら、みんなでおカネを出してやるぞ〟と言いました。確か、その中には古田もいましたが、普段は物怖じしない彼でさえも手を挙げなかった。と、その時です。〝はーい！〟と言って手を挙げた選手がいた。それが高津でした。正直、ケガでもしたらどうしようかとこちらはびくびくしていたのですが、高津はあっさりとやりとげ、〝楽しかったですよ〟とニコニコしながら戻ってきた。

当時、ヤクルトの選手は古田や石井一久（現埼玉西武）をはじめ、陽気で精神的にもタフな選手が揃っていた。その中でも、ひとり高津は別格でした。それがそのままマウンドにも出ていたのではないでしょうか」

野村が面白い分析を試みている。

〈選手たちのプライバシーと仕事ぶりを、真面目な優等生、不真面目な優等生、真面目な劣等生、不真面目な劣等生っていうふうに分けて指導してたんですけど、高津は「不真面目な優等生」ですね。

私生活では、遊び心を持っていましたねえ。でもグラウンドではいい仕事をしてくれる。私は遊びを奨励する方なんです。「遊び上手は仕事上手」と言いますしね。遊び心と仕事ぶりっていうのは、絶対に連動していますから。遊び人と、遊び心は違う。仕事に対して一生懸命真剣に取り組めば取り組むほど、遊びたいっていう気持ちになるはずなんです〉（同前）

おそらく、以上の感覚は野村自身の経験からくるものだろう。

人生で最も野球を楽しんだ年

04年、ＦＡ権を行使した高津はメジャーリーグに挑戦した。

野茂英雄、長谷川滋利とは違い、アマチュアの頃から海の向こうの野球に興味を示していたわけではない。日本でセーブを重ねていくうちに「オレが（メジャーリーグに）行ったら、どうなるんだろう……」という思いが頭をもたげてきたという。

高津が入団したシカゴ・ホワイトソックスはポール・コネルコ、フランク・トーマス、カルロス・リー、マグリオ・オルドネスら長距離砲が顔を揃える強打のチームだった。高津が希望する「勝てる可能性のあるチーム」だった。

最初はリリーバーからスタートした。連続試合無失点を18にまで伸ばしたところでクローザーに昇格した。

「もう生活から野球から全てが楽しかった」

高津は振り返る。

「単身で渡米し、マンションでのひとりぼっちの生活。普通なら寂しいはずなんですが、これが楽しいんです。車に乗っても楽しいし、球場に行っても楽しい。04年のシーズンは僕の野球人生の中で、最も楽しいシーズンでした」

メジャーリーグ独特の文化にも触れることができた。

「向こうは、それぞれの分野にプロがいる。たとえばスパイクをロッカールームに置いておくと、用具係にパッと持っていかれる。スパイクを磨くのはオレの仕事だ、という誇りがその人間にはあるんでしょうね。他にもユニフォームを洗濯するプロ、食事をつくるプロ、移動を手配するプロ……といった具合に細分化されている。

これがメジャーリーグでは、どの球場に行っても同じなんです。統一されている。一方、日本だとヤクルトのやり方はこうだ、巨人はこうだ、阪神はこうだ、となるんですが、メジャーではそれが全くない。要するに、メジャーリーグでは〝野球選手はプレーだけに集中してくれ〟という環境がほぼ完璧に整備されている。正直、これには驚いたし、これがメジャーリーグなんだなと感心しました」

1年目の成績は59試合に登板して6勝4敗19セーブ、防御率2・31。シカゴのファンには「ミスターゼロ」の愛称で親しまれた。

しかし2年目は一転、天国から地獄へ――。高津の携帯電話にエージェントから連絡が入ったのは7月のことだ。

「クリーブランドからシカゴに帰る途中、飛行機に乗る前です。〝緊急事態だ〟と。聞けば

〝球団からリリースされた〟と言うんですわ。要するにクビになったんですわ。

翌日、僕は朝早く球場に行き、誰に会うこともなく荷物をまとめました。一番困ったのは練習場。マウンドを探すのもブルペンを探すのも大変。高校のグラウンドを借りて、ちょっと傾斜があれば、そこでピッチングしていました。前年と違って、逆にこの年は何をやっても楽しくなかったですね」

その後、メッツでプレーし、再び日本へ。ピッチングにおける日米の一番の違いは何か？

「アメリカでは、基本的に初球はストレートから入ります。いかに球数を少なくすませるか。基本的に遊び球は使いません。逆に日本では、ピンチだと初球はまずボール球から入ります。ストレートでストライクをとりにいくということは、まずありませんね。その点で最初、アメリカではキャッチャーと意思の疎通をはかるのが大変でした」

各国を渡り歩き、再び日本へ

06年、07年と古巣のヤクルトでプレーし、08年には韓国に渡った。ウリ（現ネクセン）・ヒーローズでプレーし、1勝0敗8セーブ、防御率0・86と活躍した。

4カ国・地域目は台湾。興農ブルズというチームに所属し、1勝2敗26セーブ、防御率

1・88という成績を収めた。

そして、11年からは先述のようにBCリーグ・新潟でプレーしている。「生涯一捕手」との名言を残した師匠にちなんでいえば「生涯一クローザー」か。

高津は語る。

「ここにきて思いました。若い選手たちに僕の20代、30代、つまりバリバリの頃のピッチングを見せたかったなって。〝こんなもんじゃないぞ〟というところをね。

今はもう体力、スタミナ、パワー……全て落ちていますね。若い頃は少々、無理をしても何ともなかったんですが、今は朝起きると〝今日はどこが痛いんだろう〟と、まずは体のチェックから入ります。昔はこんなことなかったんですけどね。ハッハッハッ」

そんな高津に、橋上は次のような期待を寄せる。

「高津は、日本はもとよりアメリカ、韓国、台湾といろんな国で野球をやってきた。彼自身は自らアドバイスするタイプではないけれど、聞かれたことに関してはちゃんと答える人間です。特に台湾あたりの野球の環境は日本の独立リーグよりもひどかったと聞きます。そういうことをここの選手たちに言ってくれたら、野球ができることに感謝しなくちゃという気持ちになるんじゃないでしょうか。

このリーグでは、まだ高津のボールを確実に打ち返せるバッターはいません。名前に圧倒されているのかな。ただ何度も対戦を重ねていくうちに、今は気圧されている選手たちも〝よし、次は打ってやる〟という気持ちになってくると思うんです。そうすることでレベルアップを図っていければいいなと……」

最後に高津に聞いてみた。

――クローザーにとって一番大切な条件は何か。

高津は意外な答えを口にした。

「体の強さじゃないでしょうか。常に準備できる体ということです。先発なら、ちょっとケガをしたから何カ月休みました、でも通るんです。しかしクローザーはそうはいかない。ケガをしても我慢できる強さ、痛くても痛いといわない強さがなければ、この仕事は務まらない。藤川球児にしても岩瀬にしてもそうですが、毎年、クローザーとして同じ成績をコンスタントに残している。1年や2年よかったくらいでは認められないのが、この仕事ですからね」

NPBを目指す若者たちにとって、これ以上の手本はあるまい。

投手コーチ

東北楽天ゴールデンイーグルス

佐藤義則

YOSHINORI SATOU

投げるほうがラク。負けても自分のせいで終わるから。でも、コーチはそこからが仕事

佐藤義則（さとうよしのり）
1954年、北海道出身。
函館有斗高、日本大学を経て77年、
ドラフト1位で阪急ブレーブスに入団。
引退後、阪神タイガース（02〜04年）、
北海道日本ハムファイターズ（05〜07年）などの
投手コーチを経て現在に至る。

●

最優秀新人（77年）
最優秀防御率（86年）
最多勝利（85年）
ノーヒットノーラン（95年8月26日、対近鉄戦）

Photo by Kiyoshi Kato

田中か、岩隈かで苦悩

2011年のスプリング・トレーニング（春季キャンプ）の期間中、東北楽天の投手コーチ・佐藤義則にとって最大の悩みは「開幕投手を誰にするか」ということだった。

楽天には岩隈久志（現シアトル・マリナーズ）、田中将大と2人のエース格がいた。

ここ3年の岩隈の成績は次の通り。

08年　21勝4敗　防御率1・87
09年　13勝6敗　防御率3・25
10年　10勝9敗　防御率2・82

続いて田中。

08年　9勝7敗1セーブ　防御率3・49
09年　15勝6敗1セーブ　防御率2・33
10年　11勝6敗　防御率2・50

岩隈は07年から4年連続で開幕投手を務めていた。ところがキャンプイン早々、田中は早朝の声出しで堂々の〝エース宣言〟を行ったのだ。

「5年目、22歳、田中将大です！　今シーズンはリーグ優勝、日本一はもちろん、4年連続開幕投手の岩隈（久志）さんから開幕投手を奪い、沢村賞を目指したいと思います！」

22歳に、いったいどんな心境の変化があったのか。

「開幕というのはプロ野球選手にとって特別な日。その日にマウンドに立っているピッチャーがエースというイメージがあります」

まさか田中がここまで自己主張するとは……。佐藤にとっては〝うれしい誤算〟でもあった。キャンプ中、折を見て佐藤は田中に聞いた。

「（開幕投手を）本当にやりたいのか？」

「まぁ、やりたいですけど……」

その頃、佐藤はこう考えていた。

「自分の中では〝岩隈はメジャーリーグに行くものだ〟との認識があった。つまり、今シーズンは田中でスタートしようと。ところが紆余曲折があって岩隈がチームに残ることになり、〝じゃあ、どうするか？〟という話になった。

おそらくシーズンが終われば、岩隈は（FA権を取得して）メジャーリーグに再挑戦するでしょう。そうなると来季は田中を中心にして（ローテーションを）回していかなければならない。とはいえ岩隈のプライドも尊重しないといけない……。本当に難しい」

開幕を任された〝苦い経験〟

実は佐藤には苦い経験があった。佐藤が阪急ブレーブスに入団した頃のエースといえば、山田久志だ。山田は75年から12年連続で開幕投手を務めていた。

山田には独特の美学があった。

「開幕戦の第1球は常にストレートと決めていた。キャッチャーミットが〝パチン〟と鳴り、アンパイアが右手を上げる。ここから僕の1年が始まったんです。だから初球だけはバッターに振ってもらいたくなかった」

その山田から開幕投手の座を奪ったのが、誰あろう佐藤である。87年のことだ。上田利治監督（当時）は「投手陣も世代交代が必要」と考えていたようだ。

これは佐藤にとってはありがた迷惑だった。いわば聖域を侵したようなものだ。本音では断りたかったが、監督命令とあってはそうはいかない。渋々、先発したが、5回6失点でKOされた。

「あれから山田さん、しばらくの間、僕には口をきいてくれませんでしたよ」

エースのプライドはかくも高く、複雑である。とはいえ、どこかで歯車を回さなければ新たな時代はやってこない。

佐藤は監督の星野仙一に、念押しした。

「本人たちの意向は僕が聞きますが、開幕投手は直接、監督の口から伝えてください」

当初、11年の開幕予定日は3月25日。だが、3月11日を境に状況は一変する。未曽有の被害をもたらした大震災の発生。津波で多くの人命と財産が奪われ、それによって引き起こされた原発事故に端を発する放射能汚染の問題は今なお続いている。

楽天が本拠にする仙台も大きな被害を受けた。交通網が寸断されたため、選手たちはしばらくの間、地元に帰ることができなかった。パ・リーグは開幕の延期を決定し、選手会もそれを支持した。セ・リーグは予定通り3月25日の開幕を強行しようとしたが、受け入れられるはずもない。すったもんだの末に、4月12日にセ・パ同時開幕となった。

これに伴い、楽天の開幕投手も変更になった。実は3月25日の開幕戦、星野は田中を栄《は》えあるマウンドに送ることを決めていた。本人にも〈3月25日、対ロッテ戦〉と書き記したボールを手渡していた。しかし、大震災を受けての日程変更により、4月12日の開幕戦はアウエーのQVCマリンフィールド（旧千葉マリンスタジアム）で迎えることとなった。

そこでのゲームに星野は岩隈を先発に指名し、その代わり田中にはホーム開幕となる甲子園でのオリックス戦を任せた。岩隈は8回1／3を投げて4失点、田中は2失点完投で、ともにチームを勝利に導いた。

佐藤もホッと胸を撫で下ろした。かくして楽天の11年のシーズンは幕を開けた。

ダルが与えた御墨付き

佐藤が北海道日本ハムを退団し、1年間のブランクを経て、楽天の投手コーチに就任するにあたり、日本ハムのダルビッシュ有（現テキサス・レンジャーズ）が田中に「佐藤さんについていけば間違いない」とアドバイスした話は有名である。

佐藤が日本ハムの2軍投手コーチに就任したのはトレイ・ヒルマン政権下の2005年、ダルビッシュのルーキーイヤーである。ドラフト1巡目の期待の星ながら、入団前の自主トレで右ヒザを痛めた上に、キャンプ中には喫煙騒動も起こし、まともに練習ができていなかった。

傷ついた〝ダイヤモンドの原石〟を、佐藤はどのように磨きあげていったのか。

「僕が育てたんじゃなく、勝手に育ってくれたんですよ」

そう前置きして話し始めた。

「ヒザを痛めていたせいもあり、ブルペンに入ってからも抜けるボールが多かった。しかし、指にかかった時のボールは勢いがありました。それに彼はヒジの使い方がうまいんです。だから、どんな球種のボールでも腕をしっかり振って投げられる。これはもう別格でしたね」

プロの投手コーチが若いピッチャーを指導するにあたり、まず着目するのが腕の振りである。これは天性の資質によるものなのか。

「もちろん先天的なものもあると思います。土台、人間はヒジから先でしかモノを投げられないんです。いわばモノを投げるのはヒジから先の仕事。そのためには（ヒジの）関節を上手に使うことが前提となる。

ダルビッシュはヒジから先がしっかりと振れることに加え、ヒジを前に出して投げることができる。つまり、その分、ボールを長く持っていられるんです。しかも、どの球種でも腕の振りが一緒だから、バッターは騙される。スピードがあまり落ちないまま、指先の動きでボールを動かしていますから……」

器用さが災いしたのか、その頃、ダルビッシュは自らを「スライダーピッチャー」と呼んでいた。1年目、14試合に登板し、5勝5敗、防御率3・53。高卒ルーキーとしては上々の成績である。

踏ん張りの弱さを指摘

翌年、佐藤は1軍投手コーチに昇格。ローテーションピッチャーとしての期待がかかるダルビッシュに佐藤はこう告げた。

「オマエだったら150キロのボールが投げられる。一緒にやらないか」

佐藤が着目したのは投球時のステップである。マウンドを見ると、踏み出した左足部分の土が掘れていないのだ。それは踏ん張りの弱さを意味していた。

強く踏ん張れるようにするには、下半身を鍛えるしかない。秋のキャンプから、まずはランニングの量を増やすよう命じた。ウエイト・トレーニングにはプロ入り前から取り組んでいた。

「ユニホームの上から見てもキュッと（下腿の）肉が締まって固くなっているように見えま

したよ」

なぜ、佐藤は左足の踏ん張り（右投手の場合）にこだわるのか。それはピッチャーがマウンドという名の人工の盛り土の上から投げているからである。

佐藤に言わせれば、モノを投げるのがヒジから先なら、傾斜で体を支えるのはヒザから下なのだ。ヒザで踏ん張り、左足でマウンドを掘れるくらいになればボールは勢いを増し、コントロールも安定する。

その際の着地はかかとから、が基本だ。グッと踏ん張ることで、その反動で強く腰を回転させ、そのエネルギーを鋭い腕の振りにつなげる。つま先からの着地では、マウンドの傾斜に体が耐えられない。

楽天時代の一場靖弘（現東京ヤクルト）がそうだった。07年に日本ハムを退団した佐藤が楽天に招かれたのは翌08年の秋である。当時、監督だった野村克也からはこう告げられた。

「田中と一場をなんとかしてくれ」

05年に明大から自由獲得枠で楽天に入団した一場は伸び悩んでいた。フォームが固まらず、コントロールが安定しないのだ。原因は左足の着地にあった。踏ん張りがきかないため、リリースポイントが一定せず、結果としてボールがバラつく。

「グラウンドでキャッチボールを見ていても絶対にワンバウンドすることはない。ところがマウンドに上がるとボールをひっかけたり、抜けたりする。だから僕は一場をこう呼んでいるんです。〝マウンドの傾斜に勝てなかったピッチャー〟と……」

〝遊び〟で投げている

ダルビッシュに話を戻そう。その後の彼の歩みを見れば、日本ハムの、いや日本のエースと呼ぶにふさわしい。

06年	12勝	5敗	防御率2・89
07年	15勝	5敗	防御率1・82
08年	16勝	4敗	防御率1・88
09年	15勝	5敗	防御率1・73
10年	12勝	8敗	防御率1・78
11年	18勝	6敗	防御率1・44

日本ハムが、この6シーズンでは日本一1回、リーグ優勝3回、クライマックスシリーズ進出5回と好成績を残しているのは、ダルビッシュが毎年、2ケタ前後の貯金をチームにも

たらしていたからに他ならない。

加えて言えば、コンプリートゲーム、つまり完投が多いのも彼の特徴だ。07年＝12、08年＝10、10年＝10と3回、パ・リーグの完投王になっている。先発（スターター）、中継ぎ（リリーバー）、抑え（クローザー）の投手分業制が確立した昨今、かくも完投にこだわるスターターは珍しい。そして、それこそが佐藤の教えである。

ダルビッシュは11年のシーズン、体重を約10キロ増量してシーズンに入った。それにより、安定感が増し、ボールにはさらにウエイトが乗るようになった。

入団以来、3年間に亘って指導した佐藤の目に、ダルビッシュはどう映っているのか。

「重心が低くなって、よりボールを長く持っていられるようになった。だから（リリースの瞬間に）いろいろとボールを動かせる。高校からプロに入ってきた時はシンカーを投げていたけれど、それがフォークになり、チェンジアップになり、今、マスターしようとしているのがワンシームですか？　投げてみろっつうの（笑）。

要するに、あれだけボールを長く持てるから〝遊び〟ができるんですよ。昨年かな、逆球が多いものだから試合後に、〝何や、逆球多いな？〟と言うと、〝いや、今日はボールが走っていたから、真ん中狙って投げたら、どっちかのコースには行くだろうと思ったんですよ〟

だって。真ん中を狙っているんだから、どっちにそれてもストライクにはなる。ストライクである以上、バッターは振らなくちゃいけない。それでもボールに勢いがあるから、そうそう打たれることはない……。

本当にアイツは遊びの中で投げていますよ。ランナーがセカンドに進んだら一生懸命投げるというんだから（笑）。彼は日本のプロ野球の中でも頭ひとつ抜けた存在ですね」

軌道が垂れなくなった田中のボール

そのダルビッシュを慕っているのが、２つ年下の田中である。

田中は北京五輪に出場した際、ピッチングについて、次のようなアドバイスを受けた。

「それまではテイクバックの時からずっと力を入れたままだった。ダルビッシュさんからは〝もっと力まずに投げろ〟と。試してみたらストレートの質が上がった。実際に良くなったのは翌年のＷＢＣの後ですね。今まで垂れていたストレートがミットに突き刺さるようになりました」

キャッチャーの嶋基宏が、こう感心していた。

「ボールの軌道が低いままスーッとミットに入ってくる。落ちずにくるので（ボールが）ミットの上の方に当たるんです。15勝した3年目から、そんなボールが来るようになりました」

佐藤が田中を指導するようになったのは、彼が入団3年目の09年からである。佐藤は、以前から田中の左ヒザが踏み込んだ際に開くことが気になっていた。これだと、せっかく溜まった力が外に逃げてしまう。

「左ヒザは最終的に投げたい方向を向くかたちがいい。割れちゃダメ。ヒザが内側から出て回っている間に腕を振り抜く。これが理想です。田中の場合はつま先から着地するタイプだったので、ヒザでうまく踏ん張れずに開いていた。高めだと150キロの速球が投げられても、低めではスピードが出ない。だから、それを真っ先に改善しました」

さらにはスタンスを広げる指導もした。

「これまでは5足分でしたが、今は6足半くらいでしょう。スタンスが狭いと踏み出した際に、ヒザが常に同じ位置には入ってこない。ヒザがずれると腕の位置がバラバラになってしまう。右投手なら、左のヒザが一定になれば、コントロールも安定してくる。僕はそう教えています」

この年、田中は15勝をあげた。

「ダルビッシュを10とするなら、田中も既に8か9くらいまではきています」

蛇足だが、ランナーを背負ってからの田中の粘り強さは他の追随を許さない。駒大苫小牧高時代の監督・香田誉士史《よしふみ》（現西部ガスコーチ）も「アイツはランナーを背負うとスイッチが入る」と語る。スターターとしての素質は申し分ないが、クローザーとしての魅力も捨てがたい。抑えに回れば、大魔神こと佐々木主浩《かずひろ》クラスになるのではないか。

佐藤の考えはどうか。

「まだまだ腕力で無理に投げようとするところがあるけど、それさえなくなれば、もっといいボールが投げられるようになる。だけど、抑えはどうかな？　やれば佐々木以上になる可能性はあるけれど、ウチとしては確実に7回くらいまでゲームをつくれる先発ピッチャーがひとりでも多くいてくれたほうがありがたい。まぁ、優勝がかかるような試合なら別ですが……」

佐藤は現役引退後、仰木彬率いるオリックスで2軍投手コーチとして経験を積んだ。02年には阪神に招かれ、星野仙一監督の下、翌年の18年ぶりとなるリーグ優勝に尽力した。日本ハム時代には2度のリーグ優勝に加え、1度の日本一にも貢献した。

今では球界有数の投手コーチと言われる。ユニホームを脱いでも、また別の球団から声がかかるのが、彼の腕の良さを物語る何よりの証拠だ。

「自分は教えることは人に負けないと思っています。選手をしっかり見た上で、どんな質問でも答えられるようにしているつもりです。それぞれがいい時のフォームで投げられるようにアドバイスすることが一番の仕事ですから」

“負けてから”が本番

現役は44歳まで務めた。95年に達成した40歳11カ月でのノーヒットノーランは、06年に山本昌（中日）に破られるまで、最年長記録だった。

22年間で積み重ねた白星は165。スターターのみならずクローザーも経験し、48セーブを挙げている。先に述べたように開幕投手も、日本シリーズでの先発も経験している。豊富な経験は指導に役立っていると明かす。

「やっぱり、選手たちも（現役時代に）実績のある指導者のほうが話を聞くんじゃないかな。何より経験がないとしゃべれない。2年前、クライマックスシリーズに出たけど、僕は日本シリーズに何回も出ているから、そういった短期決戦の心構えも話せましたから」

現役とコーチ、どちらがラクか。

「そりゃ、投げているほうがラクですよ。負けても自分のせいで終わりますから。でもコーチはそうはいかない。現役時代は負けても〟飲みに行っちゃおう〟で良かったけど、コーチはそこからが仕事。なぜウチのピッチャーが打たれたか考えないといけないし、監督に〟こんなもん使えるか！〟と言われれば、ファームに落とさなければならない。しんどい仕事ですよ」

同じピッチングコーチでも1軍と2軍とでは役割が違う、というのが佐藤の持論だ。

「2軍のピッチャーにはある程度、投げ方やトレーニング方法を教えなければならない。その一方で1軍のピッチャーは勝ってくれればいい。だからフォームを直すのには、ものすごく勇気がいる。いいフォームになったけれど打たれやすくなった。これではいけない。極論を言えば、勝ってくれれば、フォームなんかはどうでもいい。バッターよりも強かったらいいんです。

だからウチのピッチャーには〟相手が嫌がるピッチャーになれ〟と言っている。（09年に首位打者を獲った）鉄平に〟消える〟と言わしめるようなスライダーや、〟打てない〟と言わしめるフォークを覚えてほしい。1球でいいから、そういうボールがあれば、この世界で長く生きていけるんです」

カーブでもフォークでもない〝ヨシボール〟

佐藤にも現役時代、誰にも真似することのできないオンリーワンの武器があった。俗に言う〝ヨシボール〟だ。

このボールはカーブでもなければフォークでもない。だからバッターは何度対戦してもボールの軌道に対応することができなかった。

そのヨシボール、どのように投げるのか。佐藤が01年に著した『大人の野球』（ベスト新書）には、こうある。

〈色々と試していくうちに、オーソドックスなカーブの握り、つまり、人差し指と中指はフォークのように開かずそろえたままにし、その2本の指と親指とでボールを挟む。この握りのまま、ストレートと同じように思い切り腕を振って抜くと、驚くなかれ、フォークと同等かそれ以上に落差の鋭いボールになったのだ。

これをプロ入り後、実戦でどんどん使っては磨いていった。勢いよくボールを抜いていただけでは、球道が定まらない。カーブの時の手首のひねりをどんどん小さく早く、フィニッシュでは振り切った腕を自分の方へかき込むようにしていった。握りはカーブ、腕の振りは限りなくストレート。バッターは振り下ろす腕のスピードに眩惑されるが、ボールはそれより遅れてくるからつんのめる。チェンジアップの効果抜群である。しかも、ただ、遅れてくるだけではない。まっすぐにストンと落ちるのだ。会心のヨシボールはバットに当てられた記憶がない。落差にすれば、バット1本分の長さ、90センチ以上は落ちていたと思う〉

佐藤といえば、斗酒なお辞せずの酒豪として知られている。

「みんな、そう思っているようだけど、家にいる時はほとんど飲まないし、1週間飲まないことだってある。星野監督からは〝体に気をつけろよ〟と言われていますけどね（笑）」

どうやら、昔に比べれば酒量は減ったようだ。自著では酒との付き合い方について、こう述べている。

〈二日酔いしてもうて、早く回復したい時は、やっぱり月並みやけれど物を食べるってことやろ。味噌汁を飲むとか、無理矢理にでも何か腹に入れるとか。食ったら早く治まるものよ。この年になるとなかなか入んないけど……。

あとは二日酔いに負けないでたっぷりと汗をかくことや。それには走る。サウナなんかで横着せずに、一生懸命ひたすら走る〉

野球と酒をこよなく愛する57歳。被災地を野球で元気づけたい、と最後に語気を強めた。

スカウト

元ヤクルトスワローズ・スカウト部長

片岡宏雄

HIROO KATAOKA

人が人を判断することは
できない。
最初にパッと目についた
選手がやっぱりいい

片岡宏雄（かたおかひろお）
1936年、大阪府出身。
浪華商業高、立教大を経て、
59年に中日ドラゴンズに入団。
61年に国鉄スワローズに移籍、64年に引退。
72年からヤクルトスワローズのスカウトを務め、
若松勉、尾花高夫、池山隆寛、
川崎憲次郎、古田敦也、高津臣吾、岩村明憲など、
チームの中心となった選手たちを獲得した。
著書に『スカウト物語―神宮の空にはいつも僕の夢があった』
（健康ジャーナル社）、
『プロ野球スカウトの眼はすべて「節穴」である』
（双葉新書）がある。

最も印象的だった尾花

スカウトという仕事は、プロ野球においては、いわば裏方である。アマチュアの試合のあるところ、全国津々浦々に出没し、選手の能力や将来性を品定めする。近年はプロ野球の独立リーグが誕生したため、活動の範囲はさらに広がった。

スカウトの仕事は、選手の品定めだけにとどまらない。いざドラフト指名となると選手や家族、関係者と接触し、交渉もすれば根回しもする。時によっては敵を欺き、味方すら煙に巻く。権謀術数もスカウトには必要な能力のひとつだ。

ヤクルトの元スカウト片岡宏雄は33年にわたってネット裏を仕事場にしてきた。尾花高夫、池山隆寛、古田敦也、高津臣吾、宮本慎也、岩村明憲（現東北楽天）……と、その後、チームの中心となる多くの選手を発掘し、獲得してきた。

失敗もあれば成功もある。後悔もあれば自慢もある。

指名して獲得した数多くの選手の中で、最も印象に残っているのが、前横浜監督の尾花だという。

尾花は1978年、社会人野球の新日鉄堺を経て、ドラフト4位でヤクルトに入団した。この4位という順位がミソなのだ。1、2位の入団なら活躍して当たり前。まして社会人上がりとなれば即戦力の期待がかかる。

尾花は高校（ＰＬ学園）、社会人を通じて中央球界では無名の存在だった。それは本人の次のコメントからも明らかだ。

「ＰＬ学園出身とはいっても僕は甲子園での試合にも出ていない。僕の前と後の学年は（3年時に甲子園に）出ているのですが、僕の年はダメでした。エースの僕がだらしなかったもので（苦笑）。プロのスカウトなんて影もなかった。

新日鉄堺時代も大した活躍はしていない。プロのスカウトの目に留まったのは中出謙二（77年南海1位）という肩の強いキャッチャーがいたから。たまたま僕が飽きもせずにグラウンドを走っている姿が〝広岡（達朗）さん好み〟と評価されたようなんです。これは後で片岡さんから聞いた話ですが……」

高野山に登り実家を訪問

真相はどうなのか。往時を懐かしむように片岡は語る。

「一番最初に見たのはＰＬ学園の頃ですが、そんなに目立った存在ではなかった。次にノンプロで見た時、〝アイツ、なんであんなに一生懸命走っているのかな？〟というくらい真面目に走っていた。練習が終わってからグラウンドをね。

ノンプロの場合、選手は2つのタイプに分かれる。プロを目指して必死でやっている者と、プロを諦め、ダラダラとやっている者。尾花は前者でした。ちょうど、その頃の（ヤクルトの）監督が広岡さん。広岡さんは尾花のような真面目な選手を好むんです。監督との相性を考えるのも僕らの仕事ですからね。〝あれなら絶対に目をつけてくれる〟と思って指名したんですよ」

しかし、獲得するまでには一悶着あった。入社2年目で、まだチームでほとんど活躍していない尾花をプロに送り出すことに対し、新日鉄堺の監督・宮崎康之（当時）が強く反対したのだ。

「片岡さん、尾花はまだロクに投げていないのに指名するなんて考えられませんよ。少しでも会社に貢献していればまだしも、今、出すわけにはいきません」

「おっしゃる通りです。了解を得ずに指名して申し訳ありませんでした。ただ、尾花はどうしても欲しい選手なんです。何卒よろしくお願いします」

「いいえ、何と言われても無理ですよ」

そこで片岡はどうしたか。自著『プロ野球スカウトの眼はすべて「節穴」である』（双葉新書）でこう述べている。

〈高野山の崖を額に汗して登る。随分急な坂道だ。この道を幼い頃から行き来してきたことで尾花の足腰は鍛えられたのだろう。小さな山の頂上付近に彼の実家はあった。

「尾花、俺はお前が欲しい。会社と喧嘩別れしてでも、ヤクルトに来てくれるか」

「はい。チャンスを試してみたいです。心苦しいですがそれも仕方ないですね」

「ありがとう。新日鉄にはできる限りの誠意を尽くすよ」

結局、新日鉄堺は尾花のヤクルト入りを認めてくれた。こちらのしつこさに根負けしたこと以上に、尾花の気持ちを優先してくれたのだと思う。新日鉄堺の大森茂野球部長から「君には負けたよ。尾花を喜んで送り出すよ」という言葉をもらったときは、飛び上がるほど嬉しかった〉

〝これが本当にピッチャーなのか⁉〟

1年目、尾花は1勝しかあげられなかったが、球団史上初のリーグ優勝と日本一を経験した。2年目は4勝、3年目は8勝と勝ち星を順調に伸ばしていった。

そして入団5年目の82年、12勝4セーブと初めて2ケタ勝利をマーク。以降、83年＝11勝

6セーブ、84年＝14勝7セーブ、85年＝11勝7セーブと4年連続で2ケタ勝利を記録する。もし、当時のヤクルトが強いチームだったら、もっと勝ち星は伸びていたに違いない。

尾花が入団した頃、ヤクルトには永川英植《ながかわえいしょく》、酒井圭一という剛速球投手がいた。年齢は永川がひとつ年上、酒井がひとつ年下。永川はセンバツの優勝投手。サッシーこと酒井は九州の怪腕。ともに甲子園を沸かせたドラフト1位投手だった。

尾花の述懐。

「ウワサには聞いていたが、2人とも凄いボールを投げていた。サッシーのストレートはヒュンと手許で浮き上がってきた。一方、永川さんのストレートは速い上に重い。キャッチャーミットにドッスンと入る感じ。ところが2人ともプロでは勝っていない。なぜこれほどのボールを投げるピッチャーが勝てないのか、僕はプロに入って3日目で〝この世界でやるのは無理〟と覚悟しました」

傷心の尾花を救ったのはサウスポーの安田猛である。永川や酒井のスピードが新幹線なら、安田のそれは在来線だった。今にもハエが止まりそうなボールを投げていた。

「失礼ながら、この人は本当に遅かった。絵に描いたようなヒョロヒョロ球。とても真面目に投げているようには見えなかった。左からヒョイという感じ。しかし、この人は毎年のように15勝くらい勝っている。なぜ、こんなヒョロヒョロ球で勝てるんだろう……。それで観察を始めるとコントロールが抜群にいいんです。そうか、これが1軍であれだけの結果を残せる理由なのかと。それから僕は安田さんのピッチングをお手本にすることにしたんです」

尾花が手本にした安田も、若かりし頃の片岡が見初めたピッチャーである。早大から大昭和製紙を経て72年、ドラフト6位でヤクルト入りした。

「球は遅かったけど、思い切りは良かった。ちょっとリリーフというか、ワンポイントくらいの気持ちで獲ったのですが……」

片岡にとっても安田の活躍は〝うれしい誤算〟だったようだ。当時のヤクルトの監督は三原脩。ブルペンでの安田のピッチングを見るなり、片岡に詰め寄ったという。

「おい、これは本当にピッチャーか！」

「はい。ピッチャーです。試合になったら、そこそこやります」

独自の〝サウスポー理論〟

片岡には独自のスカウティング理論がある。「サウスポーの場合、135キロ程度のストレートが投げられれば使える」というものである。仮にスターターとしては無理でも、セットアッパー、ワンポイントリリーフなどサウスポーは監督にとって使い勝手がいい。重視すべきはスピードよりもコントロールである。

その典型が88年にドラフト外で入団した加藤博人である。130キロ台のスピードながら落差のある独特のカーブで先発、中継ぎを任された。片岡によれば、加藤は「無名中の無名」。八千代松陰高時代も実績らしい実績はほとんどない。

そんな無印選手をなぜ獲ったのか。

「ちょうど安田がスカウトをやり始めた頃、本人から〝試合では放っていないけど、千葉におもしろいピッチャーがいるんです〟という報告を受けた。〝どこで見たんだ？〟と聞くと、〝ブルペンで放っているのを見た〟と（笑）。

それで〝1回、見に行こか〟となって2人で出かけたんです。行ったはいいが、やっぱり（試合では）放らない。それで学校まで行って練習を見た。安田が〝どうですかねぇ〟と言うものだから〝勉強のつもりで獲れ〟と。そしたら2年目で出てきた。左はコントロールさえあれば、そこそこやれるという見本のようなピッチャーだと思いますね」

安田や加藤の系譜に連なるのが現在の左のエース石川雅規だろう。周知のように彼は身長が167センチしかない。体のサイズは高校生どころか中学生並みだ。その石川を支えているのが無類の制球力と多彩な変化球である。

入団以来5年連続で2ケタ勝利をマークしていた石川の前途に影が差したのは07年のことである。勝ち星から見放され、2軍に落ちた。左ピッチャーが左バッターに打たれる。限界説もささやかれた。そんな後輩に助け船を出したのが先輩の安田だった。

「その頃、石川は左バッターを苦手にしていた。緩いシンカーのようなチェンジアップは持っていたのですが、落ち際を狙われていました。左ピッチャーが左バッターに打たれては仕事にならない。

そこで僕は石川にシュートを教えた。懐をえぐるボールです。ヒジを少し上に上げ、掌が外を向くように投げる。かたちでいえば〝くの字〟かな。これだとヒジに負担がこないんです。そしてボールは中指と薬指の間から抜く。教えたのは1日だけですが、それで石川はコツを掴んだようです」

石川は08年から再び、ローテーションをしっかり守り、2ケタ勝利を続けている。

指名を疑った古田

90年代から00年代にかけてヤクルトは5度のリーグ優勝、4度の日本一を達成した。

攻守の中心がキャッチャーの古田敦也であったことに異を唱える者はいないだろう。

社会人野球のトヨタ自動車に所属していた古田を指名したのも片岡である。その経緯は自著に詳しい。

〈実は古田が「ヤクルトに行きたい」と口にしているという情報を得ていた。情報源は、名古屋にいる木村勝。中京商業で全国制覇を果たしたピッチャーで、立教大の後輩だった。大学時代にバッテリーを組んでいたこともあり、私は彼に絶対的な信頼を置いていた。木村が言うなら間違いない。私は指名するか否かを決断すべく、大阪に飛んだ。

同年10月23日、大阪球場における日本選手権2回戦。トヨタ自動車対熊谷組の一戦だった。日本選手権は古田にとって社会人野球シーズン最終戦であり、プロ入りを控えたいま、負ければ文字通り〝最後の試合〟だった。私はこうした節目の試合で選手がどんな活躍をするか、注視する。その人間が持つ勝負への集中力を見たいからだ。

古田はこの試合、3打数2安打2打点、うちホームラン1本。13―3で8回コールド負けを喫したが、一人気を吐いた。

「こいつはプロに向いている」

そう確信した私は翌日、愛知県豊田市のトヨタ自動車に向かい、古田本人に獲得の意思を伝えた。
「……嘘じゃないですよね」
ニコリともせず、古田はそう言った。面食らった私は思わず「バカやろう、嘘じゃないよ」と言っていた。こうしたとき、普通の選手は「ありがとうございます」、他球団とデキている場合は「いやぁ……」と言葉を濁す。スカウト人生の中で古田以外に指名の確認をされたことはない。裏を返せば、87年ドラフトの悔しさが、それほど大きかった、ということだろう〉
先述したように古田は立命館大時代、いくつかの球団のスカウトから「指名する」との約束を取り付けながら、反故にされた苦い記憶を持つ。本人は阪神入りを希望していたが、「眼鏡をかけたキャッチャーは大成しない」と球団幹部から反対された。

〝人が人を判断できない〟が持論

実はヤクルト・野村克也監督（当時）も同じ理由で古田の1位指名には難色を示したという。ドラフト会議の席で片岡が古田の話をすると、野村はこう反駁した。

「眼鏡のキャッチャーはいらん。大学出で日本代表だからと言っても所詮、アマチュア。プロはそんなに甘くない。それなら元気のいい高校生捕手を獲ってくれ。わしが育てる」

もちろん野村の言い分にも一理あった。野村をはじめ森昌彦（現・祇晶《まさあき》）、伊東勤、谷繁元信、城島健司など今も昔もプロで名をなしたキャッチャーは、そのほとんどが高校出の大型選手なのだ。

結局、野村の意向もあって8球団が競合した野茂英雄の〝ハズレ1位〟にはピッチャーの西村龍次《たつじ》を指名した。古田は2位だった。肩やキャッチングに関しては申し分ない。片岡が心配したのはバッティングだった。というのも、当時、社会人野球は金属バットを使用しており、その弊害が随分、指摘されていたからだ。

「しかし、選手の中には木製から金属にかわってヘッドが回るようになった者もいる。早大からプリンス（ホテル）を経て近鉄に行った石井浩郎もそう。早大時代はおっつけるバッティングだったのに、社会人で金属になってバットが振り抜けるようになった。

古田も同じで社会人に入った頃は外野に飛ぶのがやっとだったんですが、バットが振り抜けるようになって見違えるようにバッティングがよくなりましたね。これなら、また（プロで）木のバットに戻っても適応できる」

人が人を判断することはできない――。

これが片岡の基本的な考え方である。では迷った場合はどうするのか。

「古田についても正直に言えば、とことん迷いましたよ。打てなかったし、眼鏡のこともありましたから……。

しかし、そうした悪い面を差し引いても、〝うわぁ〟といえるだけのプラスの材料があった。〝コイツはこれだけフットワークがよくて、ボールは絶対に後ろにそらさない〟。その信頼感は当時、ヤクルトの現役だった八重樫幸雄や秦真司よりも上でしたね。古田がキャッチャーだったら、ランナーが出ても安心してワンバウンドを放ることができる。それができないキャッチャーだと、ピッチャーは思い切って放れないですよ。最終的にはマイナス面とプラス面をスカウトがどう判断するか。そうは言っても、迷う選手はいくら見ても迷いますね」

これは随分前の話だが、片岡に「迷った場合、最終的にはどう判断するのか?」と訊ねたことがある。返ってきた答えはこうだった。

「デパートでネクタイを選ぶのと一緒ですよ。最初にパッと目についたのが、やっぱりいいんです。何か引きつける魅力があるから、目立つわけですから。ああだ、こうだと迷うと大体はロクなことがないですね(笑)」

黄金期を築いた獲得選手

ヤクルトの黄金期を支えたバイプレーヤーについても触れておきたい。土橋勝征《かつゆき》、飯田哲也、宮本、岩村らの獲得についても片岡は深く関わった。

「土橋は、実は同じ学校（印旛高）のサードに注目の選手がいたんです。それを見に行ったときに土橋を見つけました。〝これはサードよりもショート（土橋）の方が面白い〟とね。体は小さいし、足もそれほど速いわけではなかった。目立つ存在ではありませんでした。しかし、しぶといというか、ボールに食らいついていく根性がありましたね。だから職人肌の選手になるんじゃないかと。

飯田は高校時代、キャッチャーをやっていましたが、身体能力は飛び抜けていました。足が抜群に速かったので、これならキャッチャーでなくても野手として使えるかなと」

宮本を獲得した理由は、やはり守備面を買ったのか。

「そうですね。池山の守備にちょっと問題が出てきたので〝試合終盤の守備固め〟という感じですね。宮本は守備なら間違いない、という選手でしたから。打つ方はほとんど計算していません」

プロ入り当初は守備要員で野村から〝自衛隊〟と揶揄された宮本だが、年々、バッティングも向上した。現在は2000本安打達成を視野に入れる。

「まぁ、バッティングはバットに当てることさえできれば、ボテボテのゴロでもヒットになる可能性がありますからね。だから、先発で起用されれば最低2割5分ぐらいは打てるだろうと。1試合で4回ぐらい打席に立てるんですからね」

97年に入団した岩村は2位指名だった。だが、彼は体が小さく、高校時代（宇和島東）は甲子園にも出ていない。全日本高校選抜で4番を打ったとはいえ、普通ならもう少し下位の指名でも不思議ではなかった。

「岩村は四国で騒がれていた選手、他球団も目をつけていました。だから上位で指名しないと獲得できません。確かに身長は低かったけど、厚みがあるというか、体がすごかった。野球センスも申し分ない。若松勉を獲得するときとダブって見えました。〝コイツは若松2世になる〟とすぐに思いましたね。それに当時、ちょうど若松がファームで監督をやっていましたから〝コイツを連れて行ったら若松が育ててくれるだろう〟という計算もありました」

先述したように選手と指導者の相性まで考えるのもスカウトの仕事である。岩村は若松が1軍の監督に昇格すると、レギュラーに抜擢され、チームの中心選手に成長した。誰が指導者なら、どんな選手が育つか。スカウトはそういった計算まで頭に入れている。

「僕も選手経験があるからわかるんです。プロに入団する選手、特に高校生はまず監督やコーチに認められることが大事。いくら素質の優れた選手であっても、嫌われてしまえばチャンスは与えられませんからね。実際に不遇の扱いで、やる気をなくして潰れてしまう選手は多いんです」

〝見送り方〟でセンスが分かる

近年は球場にスピードガンやストップウォッチを携行するスカウトが増えている。ピッチャーの球速だけにとどまらず、ランナーのベースランニングやキャッチャーの二塁送球のタイムまで計測する。

しかし、片岡はスカウト時代、いっさい〝文明の利器〟に頼ろうとしなかった。片岡が頼りにしたのは、あくまでも「感性」だった。

「これはピッチングもバッティングも一緒。ピッチャーだったら、1球見ただけでわかる。バッターだったら1球ボールを見送ってくれれば、それでもう十分ですよ」

ボールの見送り方ひとつで、そのバッターのセンスが分かるものなのか？

「そうです。いいバッターは例外なくバックスイングにおいて〝間〟がとれている。僕はそこを見ています」

しかも、その〝間〟は人それぞれ違うものだという。

「ヒザでとる選手もいれば腰でとる選手もいる。あるいは肩でとったり、ヒジでとったり……。人それぞれ違うんですが、皆、どこかでとっている。〝間〟のとれない選手で成功した例《ためし》はないですね」

残念ながら獲得することはできなかったが、片岡がこれまでのスカウト人生で最も惚れ込んだバッターが巨人の高橋由伸である。片岡が初めて高橋を見たのは彼が桐蔭学園高の2年生の時だった。

〈衝撃的だった。タイミングのとり方が実にうまい。バッティングに「間」があるのだ。いいバッターとは、必ずこの間があるものだ。われわれの言葉で言えば、「球の付きがいい」〉。

少し解説すると、バットを構えてから振るまでの動きは「1・2・3」でたとえられる。「1＝構える」「2＝トップを作る」「3＝振る」となるのだが、いいバッターはそこに「1・2・の・3」と「の」が加わる。この「の」の部分が間だ。「の」がうまくとれていればボールをしっかり見ることができ、不意の変化球にも対応ができる。

間はバックスイングでとる選手もいれば、トップを作ってから膝でとる選手もいる。何にせよ、間があればバッティングに柔軟性が生まれて、球付きがよくなる。

この球付きのよさは、生まれ持った才能に近い。要はリズム感だから、あとから教えられてできるものではない。音痴の人が途中で直らないのと同じ理屈だ。ある程度は訓練で身につけることはできても、常時、理想的な間がとれるような選手は滅多にいない〉（前掲書）

高橋の獲得を巡っては、当初、ヤクルトの優勢が伝えられながら、最後は巨人が逆指名にこぎつけた。新人契約金の「最高標準額」（1億円プラス出来高払い5千万円）を超える、いわゆる「裏ガネ」が決め手となったとも言われている。

果たして真相は？

「慶大の後藤寿彦監督（当時）に〝由伸の親父の方で土地が焦げ付いているそうで……。どこかそれをクリアしてくれるところはないですかね〟と言われ、調べてみると総額で60億円にのぼることが明らかになった。最終的にウチは15億くらいまでは出せるという話になったんですが、それ以上はちょっと……。もうそれ以上の金額になるとスカウトレベルで決められる話ではありませんよ。残念ながら、彼はヤクルトに来ていた方がよかったね。今頃は大変な選手になっていますよ。いずれにしても僕が一番惚れた選手だから、もう一花咲かせてもらいたいですね」

フロント

福岡ソフトバンクホークス元球団取締役

小林至

ITARU KOBAYASHI

小林至（こばやしいたる）
1968年、神奈川県出身。
東大経済学部に在籍し、
2年春に六大学野球デビュー。
練習生を経て卒業後、
92年にロッテに入団。
93年に引退後はコロンビア大学に進み、
MBAを取得。
テレビ局勤務などを経て、
05年よりソフトバンク球団取締役。
現在は海外担当兼中長期戦略担当部長。
江戸川大教授。

”悪役になれ。選手に好かれようと思ったら、この仕事はできない“という言葉を、王会長からいただきました

『マネーボール』の主人公ビリー・ビーン

2011年秋、ブラッド・ピットが主演の映画『マネーボール』が国内でも封切られ、予想を超えるヒットとなった。

言うまでもなく、この映画は米国人ノンフィクション作家のマイケル・ルイスが著した『マネー・ボール　奇跡のチームをつくった男』をベースとするメジャーリーグの舞台裏を描いた作品である。

ブラピ演じる主人公はオークランド・アスレチックスのゼネラルマネジャー（GM）、ビリー・ビーン。弱小チームのアスレチックスを独自のセイバーメトリクスを用いて強豪に変えたのは2000年代前半のことだ。

参考までに当時のアスレチックスの成績と投資額を列記してみよう。まずはチーム成績。

00年　91勝70敗
01年　102勝60敗
02年　103勝59敗
03年　96勝66敗

4年連続でプレーオフ進出の好成績だ。続いて投資額（選手平均年俸）。

00年　115万6925ドル（メジャーリーグ30球団中24位）
01年　125万2250ドル（同29位）
02年　146万9620ドル（同21位）
03年　188万9685ドル（同20位）

世界一の〝金満球団〟ニューヨーク・ヤンキースの約3分の1の投資額で、ほぼ同等の成績を収めた計算になる。経営者なら誰もが夢見るローリスク・ハイリターンを実現させたのだ。著者であるルイスの言葉を借りれば、メジャーリーグでは〈プロ野球をやる人々の王国と、プロ野球について考える人々の共和国〉の対立が続いていた。「王国」が主観で成立するのに対し、「共和国」は客観で成立する。思い込みはウソをつくが、数字はウソをつかない。

問題はどの数字を金庫の中にしまい、どの数字をクズかごに捨てるか、だ。たとえばビーンは打者を選択するにあたり、何よりも「出塁率」を重視した。ヒットもフォアボールもワンベースはワンベースなのだと割り切った。

その一方で盗塁は戦術から除外した。成功し、得点に結びつく確率と、失敗し、チャンスを潰す確率とを比較した場合、はるかに後者のほうが高いと判断したのである。

ビーンはこうした約束事の遵守をフィールドマネジャーに誓わせ、自らが考案した独自の戦法を徹底させた。少ない予算で勝利し、ポストシーズンゲームに進出するためには、どういう戦い方が有効か。また、そのためにはどんな選手が必要か。それを考え抜いた末の、いわば〝弱者の戦略〟だった。

ビーンの狙いは的中した。少なくとも06年頃までは。そこから精彩を欠くようになったのは、他球団がビーン流に慣れ、遅ればせながらセイバーメトリクスを採用したことで先行アドバンテージがなくなってしまったからだろう。

GMが話題になった〝お家騒動〟

昨季のアスレチックスの成績は主砲に松井秀喜を補強したものの、74勝88敗でアメリカンリーグ西地区の3位。プレーオフからも5年連続で遠ざかっている。

にもかかわらず、この国で11年秋、ビーンに注目が集まったのは、映画の宣伝効果だけによるものではない。降ってわいたような巨人の〝お家騒動〟が皮肉にもGMという職種にスポットライトを当てたのだ。

メジャーリーグの球団においてGMは基本的に監督、コーチ、選手の人事権ならびに関連予算の編成・執行権を握る。GMが一度決めた人事をオーナーが〝ちゃぶ台返し〟することは原則としてあり得ない。その意味で巨人・渡邉恒雄球団会長の〝鶴の一声〟に批判が集まったのは当然だった。

しかし最大の問題は、ここはアメリカではなく日本だったこと。渡邉会長は毎日新聞（11年12月1日付）のインタビューで「巨人軍の定款では、本部長以上の人事やその他の重要事項について、読売新聞グループ本社代表取締役の事前の承認を得るものとする、となっている。これを彼は読んでいない。だから人事はGMの権限で、決めた以上は干渉できないと言っている。だが、彼にはないんですよ、そんな権限は」と発言した。

対する清武英利前GM兼球団代表の反論はこうだった。

「これ、無茶苦茶ですよ。確かにGMについての明確な規定はない。しかし球団代表や編成本部長という役職は、事実上のGMなのであって、その役割については「読売巨人軍職制」「読売巨人軍組織規定」に事細かく書いてあるわけです。だから規則上、こちらに瑕疵は全くない。

それを「オマエらには何の権限もないんだ。すべてオレがやる」というのであれば、我々は何も仕事ができなくなりますよ。全て渡邉さんの指示を待って行動しなければならなくな

る」（『週刊現代』11年12月24・31日号）

GMの仕事は権限が明確であることを条件に担保されている。もちろん、失敗した場合はその責任を負わなければならない。ところが巨人の場合、権限も責任も中途半端で、私に言わせれば〝名ばかりGM〟に過ぎなかった。

巨人のゴタゴタを尻目に、11年に8年ぶりの日本一を達成したのが福岡ソフトバンクである。王貞治球団会長の下でチームづくりの指揮を執っていたのが小林至取締役兼編成育成部長だった。米国の野球事情にも精通している小林は孫正義オーナーの〝名代〟としてメジャーリーグ関係者と交渉を行うなど厚い信頼を得ていた。

ところが11年12月、主力投手である杉内俊哉（現巨人）が流出した責任をとり、同職を辞任した。引き続き球団にはとどまり、海外担当兼中長期戦略担当部長として、外国人選手の調査・獲得などを行う。これから紹介する小林のコメントは退任前に取材した際のものだ。

内川獲得を担当

11年シーズン、パ・リーグのMVPに輝いた内川聖一はFA権を行使して横浜から移籍した。打率3割3分8厘で首位打者を獲り、江藤慎一に次ぐ史上2人目の両リーグでのリーデイングヒッターとなった。

内川との交渉を担当したのが小林だった。獲得に乗り出した理由は何か。

「それまでウチはプレーオフ（クライマックスシリーズ）に6回出て、すべて負けていました。敗因を調べていくと大事な場面で打てていないケースが多かった。

そこで局面を変えられる打者、勝負強い打者、できれば3番を打てる打者は誰か……という観点で探していくと、まさにウチのニーズにピッタリ合致したのが内川でした。しかも地元の九州（大分）出身。内川獲得に関しては早い段階から王会長とも相談していました」

ソフトバンク以外にも内川獲得に名乗りをあげた球団があった。これまでFA市場には興味を示さなかった広島である。広島からの〝使者〟は横浜時代の先輩にあたる石井琢朗だった。

「ウチに一枚、右の強打者が加われば打線に厚みが出る。上位を狙うにはオマエの力が必要なんだ」

条件は3年契約6億円。インセンティブも含めると最大で7億5000万円。〝身の丈経営〟の広島にとっては破格だった。振り返って、内川はこう語る。

「僕としてはびっくりするくらいの条件。正直、面くらった部分もありました」

それでもソフトバンクを選んだ決め手は何だったのか。

「大分出身の僕にとって、プロ野球観戦といったら福岡ドームだった。今の監督の秋山（幸二）さんがセンターを守っていて、小久保（裕紀）さんが若手だった時代。ＦＤＨ（福岡ダイエーホークス）のユニホームは僕にとって憧れでした」

王会長の言葉も胸にしみた。

「ウチとしては今のままのキミが欲しい。チームが変わるとか球場が広くなるとか言うと不安はあるだろうけど、キミがこれまでやってきた野球を続けてくれればいいんだ」

自分がやってきた野球は間違いじゃなかった——。王の一言が背中を押したのである。

王貞治の助言

小林によると王の立場は、米国で言えばチーム・プレジデント。すなわち、ダルビッシュ有が入団することになったテキサス・レンジャーズにおける、ノーラン・ライアン球団社長の役割だという。

「王会長にはチーム編成に関わる大きな動きをする時には必ず報告をし、判断を仰いでいました。〝ここはこうしたほうがいい〟とか、〝キミがどうしてもやりたいなら、そうしてごらん〃といった具合に、折に触れて適切な指導をしてくれます。また本社の孫オーナーも〃必要な投資はする〃という考え方なので、安心して交渉に臨むことができました」

内川との契約は4年。モチベーションを高めるために、インセンティブも含めて5億6000万円から13億6000万円まで変動する内容となった。

再び小林。

「これは王会長、それに本社グループも同じ考えなのですが、基本的に仕事に対する報酬は信賞必罰であるべきだと。働いたら、それだけのものがもらえるが、働かなかった時には我慢してくれという発想です。

プロゴルフに目を移すと、基本的に賞金は自分の力で稼ぐものです。1打で勝負が決まり、賞金も変わってくる。プロ野球の場合、過去の実績を斟酌しなければならない面はあるものの、やはりプロである以上、本質的に選手の報酬は信賞必罰であらねばならない。内川君は、そのあたりの事情を理解し、受け入れてくれた。だから〃やり甲斐がある〃と言ってくれたんでしょう」

果たしてインセンティブはどのように決められるのか。

「クライマックスシリーズ出場、リーグ優勝、日本シリーズといったチームの成績も評価の対象に入っています。個人成績では連盟による表彰を重視し、一番はＭＶＰ。要するに誰もが認めた価値を大事にしようという考え方です。

個人タイトルについては、過去にそれを獲ったことによって一皮も二皮もむけた選手がいる。当然、タイトル獲得を応援するスタンスですが、たとえば過去には首位打者を獲らせるために敬遠合戦という観客不在の光景も見受けられました。

ウチはそういうものを助長するのは良くないという方針なので、原則として個人タイトルに対して、いわゆるタイトル料のようなものは払っていません。それは年俸に反映する仕組みにしています」

契約更改では〝悪役〟になる

10年のシーズンから小林は選手年俸の査定も担当した。ソフトバンクのような資金力のある球団でも、あらかじめ予算は決まっており、それを無視することはできない。選手の場合、どうしても自分に対する評価は甘くなりがちだ。フロントの提示額に首を横に振るケースも少なくない。00年オフからは契約更改の場への代理人の同席も認められており、球団側が情に訴える手法は通じなくなりつつある。

実際の交渉現場は、どうなのか？

「選手時代、この世界が情の世界であることはよくわかっていたつもりですが、自分が逆の立場（フロント）になると、本当に難しい。当然、年俸を選手が望むだけ無尽蔵に与えるわけにはいかない。そこをコントロールするのが私の仕事ですから。適正年俸はいくらかをはじき出し、選手に理解してもらわなければなりません。

最近はセイバーメトリクスの発達により、守備も打撃もすべて数値化できるようになりました。得点に貢献した割合や失点に絡んだ割合も数値化できるんです。その意味では昔と比べると信じられないほどプロ野球界も科学的になりました。

しかし、それでも数値はあくまでも参考に過ぎない。同じタイムリーでも同点の場面での勝ち越し打と、大量リードのなかで打ったものとでは価値が違いますからね。数値をいくら追求しても、説得力がないという思いはありますね」

10年のオフからソフトバンクは新しい査定システムを導入した。先述した内川がそうだったように、成績によって年俸が増減する幅を従来より大きくした。

「私はできるだけ合理的な説明を行ったつもりなのですが、なかなか納得してくれない選手もいました。その場合、最終的には私が悪役になるしかない。

王会長からも〝キミは悪役になる。そのつもりでやってくれ。その代わり、バックアップはする〟との言葉をいただきました。〝選手に好かれようと思ったら、この仕事はできない〟とも。だから、マスコミに叩かれるのは仕方ないと思っています」

〝3軍制〟を導入

NPB（日本プロ野球組織）における1球団の支配下登録選手は70人までと決まっている。考えてみれば、これはおかしな規則だ。どのくらいの数の選手を保有するかは、あくまでも経営側の判断に委ねられるものであり、機構側が制限すべきものではない。

ちなみにメジャーリーグにおいては、球団によって傘下のチーム数は異なる。シアトル・マリナーズは下部組織として9チームを置いているが、昨季、アメリカンリーグを制したテキサス・レンジャーズは7チームだ。試合の公平性はロースター枠（25名）を等しくするだけで十分、担保される。

この点を小林はどう考えているのか？

「支配下選手枠の撤廃はウチや巨人などが強く望んでいることです。王会長も、プロ野球の発展のためにはなくすべきだという意見です。

これはあまり知られていませんが、現在、ＮＰＢにおいて１回のドラフト会議で指名できる選手は12球団合わせて１２０名までなんです。この人数を下回っている場合に限り、育成ドラフトの開催が可能になる。00年までは合計96名までしか指名できなかった。なぜ、このようなルールができたかというと、ご推察いただけると思うのですが、要はアマチュア側への配慮だったんです」

支配下選手に制限があり、ドラフト指名する数にも限りがある。ならば、育成部門をテコ入れする他ない。そこで小林が考え出したのが３軍制の導入だった。要するに底辺の強化である。

〈３軍構想は以前から持ち上がっていた。最下位に終わった08年には、ドラフト会議で一挙に５人もの育成選手を獲得。広島のような故障者のリハビリの場ではなく、選手を育てる場としての３軍発足に向け、歩みを進めてきた。７チームあるイースタン・リーグとは異なり、ウエスタン・リーグは５チームのため、若手や育成選手の出場機会は限られており、独立リーグや社会人チームとの試合を積極的に設け、実戦の場を補てんしてきた経緯がある。王貞治会長も当時、「独立リーグもしっかりしてきたからね。今のルールを生かしてやるのはいいこと」と、対外試合を推奨していた〉（『週刊ベースボール』10年12月20日号）

3軍からは捕手の山下斐紹《あやつぐ》（10年ドラフト1位）、サウスポーの坂田将人《まさと》（10年ドラフト5位）、内野手の牧原大成（10年育成ドラフト5位）ら、将来が楽しみな若手が育ってきた。小林が蒔いたタネは着実に芽を出しつつある。

多くの若手に出場のチャンス

3軍制に対する本人の総括。

「初年度の11年は（独立リーグの四国）アイランドリーグ（plus）との40試合を含めて80試合を目標にしていたのですが、実際には70試合強にとどまりました。しかし、多くの試合を経験することで若い選手がビックリするほど伸びてきました。やはり試合の経験は貴重ですね。

2軍制だと選手は60人もいれば十分。ケガ人が出ても、この人数なら何とかなります。それを考えると70人という枠は本当に中途半端な数字なんです。（2軍制だと）高校卒の下位指名の選手は、ほとんど試合に出られないこともある。

ところが3軍制にすると、多くの選手にチャンスが回ってくる。育成選手でも支配下登録できそうな選手がたくさん出てきました。しかも移動はバスだからハングリーさも身につきます。12年は韓国遠征も計画していますが、船で渡る予定です。こうした厳しい環境から上を目指そうとする選手たちが育ってくる」

米国においてマイナーリーグはハンバーガーリーグとも呼ばれる。比喩ではなく安いハンバーガーをかじりながら、遠征先までバスで何時間も揺られながら移動し、試合を行うのだ。これは、ある日本人マイナーリーガーから聞いた話だが、新入りはバスのシートに腰掛けることすらできず、床に新聞紙を敷いて寝ることもあったという。球場に着くと敵地のファンから指を差されて嘲笑された。自分のユニホームを見ると、敷いていた新聞の活字が、そのままプリンティングされていたからだ。こうした経験をしながら這い上がってきた選手が必死になってメジャーリーグにしがみつこうとするのは、ある意味、当然だ。

小林は選手ひとりひとりの現在の状態や成長度合が確認できるカルテの作成にも取り組んだ。これも、それまでのソフトバンクにはなかったものだ。

「選手に投資をする。投資した分が今、どうなっているのか。一般の企業なら、これは当たり前のことですよね。この選手をどう育てるかという目標設定、進捗状況の管理、そして総括。コーチには日報の提出を義務付けました。現場とフロントが一体となって、これを推し進めたんです」

具体的にはどのように変えたのか。

「2軍のディレクターには元ピッチャーの永井智浩、3軍には星野順治を配しました。彼らがフロントと現場のパイプ役となって、常に状況を把握してくれていました。こちらは彼らの報告をベースにして、時にフィードバックしながら、〝これからは、こうしていきましょう〟と方針を出していきました。

こういった作業の蓄積は、球団にとって貴重な財産となります。文書として保管することで、何が正しくて何が間違っていたかを過去にまで遡ってチェックできる。検証と改善のプロセスが生まれるとでも言いましょうか。このシステムが導入できたのは、とても大きかったと思います」


最終目標は〝世界一のチーム〟


オーナーの孫は05年に球界参入を果たした時から「クラブ世界一決定戦」の導入を提案している。サッカーにおけるクラブワールドカップのような大会を野球でも実施したいというのだ。

まだまだ不完全とはいえ、野球の国・地域別対抗戦WBC(ワールド・ベースボール・クラシック）が誕生したことでプロの日本代表が世界一になる道は開かれた。しかし、ワールドシリーズのチャンピオンと日本シリーズのチャンピオンが覇を競うような大会はまだ存在しない。

「オーナーの最終的な目標は〝世界一のチーム〟をつくることです。その話はオーナーから私が引き継ぎ、メジャーリーグ関係者とも交渉を行ってきました。今も細い糸ではありますが、まだ、話し合いは続いています。

構想に対するメジャーリーグ側の言い分ははっきりしています。要はお金です。メジャーリーグが現在、世界一の野球リーグであることは認めざるを得ません。野球の実力もビジネスも含めて。仮に日本のチャンピオンも含めた〝リアル・ワールドシリーズ〟を開催したとする。メジャーリーグのチームが勝ったとしても、米国の野球ファンは誰も興味を示さないだろうと、彼らは言います。〝ただのエキシビションじゃないか〟と。

ところが逆の目が出たとする。4勝3敗ならまだしも、日本のチームが4勝0敗、すなわちスイープでメジャーリーグのチームを倒したらどうなるか。その時、営々と築き上げてきた米国の野球ビジネスは崩壊するだろうと言うんですね。

彼らの見方は実に合理的で、間違っていないと思います。もし11年のワールドチャンピオンであるセントルイス・カージナルスとウチが7戦勝負で戦ったら、ウチが勝っていたかもしれない。そうなったらメジャーリーグのビジネスはどうなるか。そのリスクに見合うお金としては、たとえば1億ドルくらいでは全然足りない。これが先方の考えです」

映画『マネーボール』を小林は映画館で子供たちと観た。選手が主人公の映画は山ほどあるが、背広組が主人公の映画は、おそらくこれが初めてだろう。

「あれは映画化されて良かった。こういう仕事もあるのかと子供も少しは理解してくれたみたいで……。ビリー・ビーンはあまりにも有名になっちゃったけど、私らフロントは黒衣《くろご》です。たとえ私がクビになったとしても、ノウハウやシステムは後任の人にきちんと受け継がれなくちゃいけない。人は替わっても組織は生き残らなくてはいけないんです。次の人が来たら、またゼロからスタートする。これではいけないと思っています」

アンパイア

プロ野球審判員

名幸一明

KAZUAKI NAKOU

審判で最も大切なのは、
選手や監督との
信頼関係を築く
”人間性“だと思います

名幸一明（なこうかずあき）
1968年、沖縄県出身。
興南高校を経て、
87年に横浜大洋ホエールズに入団。
95年に引退後、ブルペン捕手を経て、
98年にセ・リーグ審判部入局。
日本プロ野球選手会による
「選手が選ぶ！ ベストアンパイア」に
03年から11年まで連続で選ばれている。

●

初出場：02年4月16日、ヤクルト―横浜戦（神宮・一塁塁審）
出場試合数：606試合
オールスターゲーム出場：1回

キャッチャーの経験が生きる

日本プロ野球選手会は2001年度から「選手が選ぶ！　ベストアンパイア」という企画を行っている。ひとりの選手が各審判に6点満点で点数をつけ、その平均値が高い審判が優秀者というわけだが、今回、紹介する名幸一明は9年連続で「ベストアンパイア」に輝いている。

思えば審判ほど損な役回りもあるまい。普通にやって当たり前、ひとつでもミスを犯すとバッシングの対象になる。それでも、この仕事に情熱を注ぐのは野球というスポーツが好きだからに他ならない。

名幸は87年、沖縄・興南高を卒業し、ドラフト外で横浜大洋に入団した。高校時代はデニー友利《ともり》（現横浜DeNA1軍投手コーチ）とバッテリーを組んでいた。

横浜には9年間在籍したが、残念ながら1軍の試合に出場することはできなかった。引退後はブルペン捕手を務めていた。退団後、98年にセントラル・リーグ審判部に入局。米国のハリー・ウェンデルステッド審判学校でも研修を受けた。

名幸によればキャッチャーとしての長年の経験が審判としての今の仕事に生かされていると言う。

「僕はキャッチャー出身なので、高めも低めも、あるいはコースも、いいところに決まっていればきちんとストライクに取ってあげたいという思いが強いんです。その意味では、キャッチャー目線でボールを見ていると言えるかもしれません」

ではストライクかボールかの判定は、どのように行うのか?

名幸は「NAKOU FREAK」(名幸公認のホームページ)の質問コーナーで次のように答えている。

〈最初に打者が構えてから打ちに行く姿勢の時に、ストライクかボールの判断をする。高低から行くと、打者の肩の上部からズボンの上部(ベルト)の中間点、それが高さの基準で低めは膝頭の下部を通ればストライクである。コースはホームベース横が43cmなので、かすればストライクである。打者によってストライクゾーン、特に高低は変わってくる。背の高い人、低い人がいるので……〉

セ・パで異なったストライクゾーン

これまでセ・リーグのストライクゾーンに比べるとパ・リーグの方がやや辛いと言われてきた。セとパの交流戦が始まったのは05年からだが、早速、この問題がクローズアップされた。

名幸は語る。

「福岡（ヤフー）ドームの試合で、僕がアンパイアを務めた時のこと。高めのストライクに対し、ソフトバンクの王貞治監督（当時）から〝キミは、そこをストライクにとるのか？〟と聞かれました。〝はい。そうです。このコースは普通にストライクをとります。監督、広島側は何も（文句を）言ってきませんよね？〟と返すと〝そうだな。シーズンを通して（ストライクに）とっているんだな〟と。〝はい。とっています。コミッショナーから『ストライクゾーンを下げろ』という通達は出ていませんから〟と。そんな会話をかわした記憶があります。当時は、おそらく高めに関してはボール半分くらい、セ・リーグの方がストライクゾーンが広かったと思います」

セとパの審判が統合されたのは11年からだ。これによりストライクゾーンも統一された。関係者によると、比較的辛かったパ・リーグがセ・リーグに歩み寄ることで、この問題は解決されたという。

"投高打低"の原因

11年シーズン、セ・リーグは前年に比べ試合時間が5分短縮され、3時間7分になった。一方のパ・リーグは8分短縮され、3時間4分（いずれも延長を含まず）だ。低反発の統一球が導入され、華々しい打撃戦が減ったことに加え、ストライクゾーンが心持ち広がったことが試合時間短縮の要因だと見られている。

それについては広島でキャッチャーとして活躍した達川《たつかわ》光男がスポーツナビのコラムで興味深い意見を披露している。

〈さて、今年のプロ野球。多くの方が思っておられるんじゃないかと思うんですけど、完全な投高打低ですね。（中略）

この理由というのは、統一球の導入でボールが飛ばなくなったとか、変化球が切れるようになったとよく言われますけど、私は違うと思いますよ。セ・パのアンパイアの統合、これが一番大きいです。ストライクゾーンが広くなったんですね。

ストライクとボール、どっちにも取れるコースというのがあると思うんですけど、今年はこれがストライクになっていますね。米国の審判の格言にもあるんですが、「ストライクをボールと言うほど愚かなことはない。だが、ボール球をストライクと言うのは救われる」なんて言いましてね。今年はまさにこの格言通りですから、三振がものすごく多くなりましたし、バッターがボール球に手を出すシーンが目立ちます。

選手というのは見逃し三振を取られたくないものですからね。バットを振らなきゃ事は始まらないわけですから、ストライクゾーンが広いと無理に手を出してしまう。難しい球も打たなきゃなりませんし、無理に手を出すことでフォームも崩れていく。その結果の投高打低なんだと思いますよ〉（11年8月16日付）

余談だが、古い資料を調べていて驚いたことがある。今からちょうど53年前の59年6月25日に後楽園球場で行われたプロ野球史上初の天覧試合、巨人―阪神戦の試合時間は、わずか2時間10分なのだ。

天覧試合と言えば長嶋茂雄のレフトポール際のサヨナラホームランが今でも語り草だが、他にもONの初めてのアベックホームランあり、藤本勝巳の勝ち越し2ランあり、ピンチの芽を摘んだ藤田元司と広岡達朗のアイコンタクトによる牽制刺殺あり、牛若丸・吉田義男のファインプレーあり、そして村山実の真っ向勝負ありと内容は盛りだくさんだった。

スコアもシーソーゲームの末の5―4だから野球を堪能するには申し分ない。主審を務めた島秀之助は「まるで作られたドラマのような試合であった」と述べている。

繰り返すが、これだけメニューがぎっしり詰まっていて2時間10分である。どう見積もっても今なら3時間10分はかかっていただろう。それを考えれば、昨季の1試合あたりの試合時間3時間6分は、まだまだ削り込む余地があると言えそうだ。

気持ちはすぐに切り換える

セとパの違いはストライクゾーンだけにとどまらない。判定の仕方にもセ・リーグ方式とパ・リーグ方式があった。

名幸は語る。

「インフィールドフライがそうでした。統一するまでパ・リーグは落下点に近い塁審が、セ・リーグは球審が判定していました。これも交流戦の時ですが、僕は一塁塁審をやっていた。一塁付近にフライが上がり、球審がインフィールドフライを宣告するだろうなと見ていたら、何も言わない。〝ああ、僕の仕事か〟と慌てて僕が判定しました。これも今は統一されて、（落下点に近い）塁審が判定することになりました。こちらはパ・リーグ方式が採用されたということです」

プロ野球の審判が著した有名な作品に『アンパイアの逆襲』（文春文庫・井上一馬訳）というノンフィクションがある。著者のロン・ルチアーノは元フットボーラーという変わり種で68年から79年までアメリカン・リーグの審判員として活躍した。

ルチアーノはファンのヤジに対してもひるまない〝剛の者〟だったが、それでもバッファロー市内に、ひとりだけ手に負えない〝ヤジ将軍〟がいた。その女性との〝攻防〟がおもしろい。

〈おまけにその女性は、体重が百キロ以上もあって（この点ではわれわれはお互いに相通ずるものがあったはずなのだが）、プラスチックを粉々に粉砕するような声の持主だったのである。彼女はだれに対してだろうと理由を選ばずに喰ってかかった。グラウンドキーパーだろうがピーナッツ売りだろうが切符売場の売り子だろうがいっさいお構いなしである。が、そのなかでも彼女がいちばん大きな声を張り上げるのが、審判に対してだった。

それでも審判団は忍耐に忍耐を重ねた。が、最後にはとうとう、現在ナ・リーグの審判を務めているディック・ステロが堪忍袋の緒を切らして、みなで仕返しをすることになった。われわれは、まず彼女が郊外の食堂でウェイトレスをしていることを突きとめた。そして、ある日の午後、そこに昼飯を食べに行って、彼女をこてんぱんにやっつけたのである。「これがハンバーグかよ！」「さっさと水もってこい」「ナプキンが汚れてるぞ」「水もう一杯」。結局デザートにたどりつく前に店からは追い出されたが、当初の目的は達することができた。その晩、彼女が球場にきて、われわれに詫びを入れたのである。その後、彼女が審判に罵声を浴びせることは二度となかった〉

かつてほどではないが、日本のスタンドにも〝ヤジ将軍〟はいる。名幸によれば「しばくぞ！」と言われるくらいは当たり前、聞こえよがしに「オマエ、殺すぞ！」と叫ぶ者もいるという。

「特に甲子園はひどいですね。もう近くに大きなスピーカーがあるような感じ。僕らはちょうど真ん中あたりにいるから、よく聞こえるんです。おかげでベンチからのヤジは全く聞こえませんが（笑）。

もちろん、選手の中にもよくヤジを飛ばすヤツはいます。〝おいおい！　今のストライクか!?〟とか〝よく見ろ！〟とかね。だいたい、誰が言っているのかわかりますよ。でも、そういうのはいちいち気にしない。気にしていたら、この仕事はできませんよ。嫌なことがあっても後に引きずらず、すぐに切り換えることが大事ですね」

グレーゾーンを上手く裁くのが仕事

ピッチャーにとってストライク・ボールの判定は死活問題である。1球のジャッジで勝ちゲームをフイにすることもある。もちろん、それはバッターについても同じことが言える。

しかしストライク・ボールの判定を行うのは、あくまでも生身の人間である。100パーセントの正確さを求めるのは酷というものだろう。つまり、アンパイアがストライクと言えばストライク、ボールと言えばボールなのである。そう割り切らないことにはベースボールというスポーツは成立しない。

再び達川氏の意見を紹介する。

〈スポーツには、特に野球には、「明らかなセーフ・アウト・ストライク・ボール・ファウル・フェア」がある。それと同時に、グレーゾーンというか、微妙なところというか、「どっちになってもいいセーフ・アウト・ストライク・ボール・ファウル・フェア」もあるんよ。その微妙な判定を上手いこと裁きながら、スムーズに試合を進めていくのが、審判の仕事で、大切な役割です。ワシも現役の頃に、いっつも言われたもん。「どっちでもいい所を味方に有利な判定をさせるのが、いいキャッチャー」いうてね。じゃから、今でも野球中継を見とると、ボールを捕った時にキャッチャーミットをちょっと上げたり、下げたりする時があるじゃろう？　ああやって、何とか「ストライク」って言ってもらおうとしとるわけ。審判と上手く付き合っていく事はプロ野球で大切な要素のひとつなんよ。まぁ、これは選手の大切な技術のひとつだし、ある意味では、審判との戦いよ。とは言うものの、何でもかんでも、審判とやり合うわけじゃない。「上手く付き合う」いう事はケンカばっかりしとっては出来んのじゃけぇ。審判とやり合ういうても、あくまでもグレーゾーンの時だけの事じゃし、それに、もともとどっちでもええもんなんじゃけぇ、自分に不都合な判定になっても、「まぁ、しゃーないか」になる事がほとんどよ。だから、選手や監督、コーチが本気で抗議するというのは、実はよほどの事なんじゃという事よ。でも、皆さん、ここで勘違いしちゃいけんよ。ベンチが抗議する時は「必ずしも審判が間違っていて、ベンチが正しいというわけではない」という事。ワシが言いたいのは、「少なくとも、ベンチからは、明らかに審判の判定と逆に見えたんだ」という事です。そう見えたというだけで、実際、真実はどうか分からんのよ。ただ、基本的によほどの確信が無い限り、ベンチが猛抗議するということはないんよ

〈11年7月1日付オフィシャルブログ「達川光男のものがちがいます」〉

キャンプで〝目慣らし〟

審判も選手同様、キャンプインと同時にシーズンのスタートを切る。ピッチャーがブルペンで投球練習を始めると所定の位置につくのは〝目慣らし〟のためだ。

「ピッチャーの生きたボールを見ることで、まずは目を慣らしていきます。続いてフォームづくりです。ピッチャーにフォームがあるのと同様に、僕たちにもいいジャッジをするためのフォームがある。カメラの三脚をイメージしてください。しっかり下で固定しているからピントがブレないんだと思うんです。それと同じように僕たちも目線がブレないフォームを、しっかりとキャンプ中に作っておかなくてはなりません。それと声ですね。発声練習じゃないけど、キャンプ中にしっかりと声を出し、1回、喉を潰しておく。そして公式戦に間に合うように声も仕上げていく。この作業を毎年、繰り返します。

目慣らしに関してはアウトコースとインコースのコントロール、そして変化球の球種やキレの確認ですね。〝このピッチャーはこういうボールを投げるのか〟ということがあらかじめ頭の中にインプットされていれば、試合にすんなり入っていくことができます。あとは新外国人に対してセットポジション上のクセとかを早めに指摘しておかなければなりません。あまり知られていませんがアメリカではＯＫでも日本では禁止されているグラブもあります。

たとえば白いひもはNGです。加えてグラブの刺繍やマーク。キャンプ中に確認しておくことはたくさんあります」

　名幸の話を聞いていて、現役時代の江夏豊の逸話を思い出した。江夏はキャンプ中、肩が仕上がるまで審判を絶対にブルペンに入れなかった。なぜか？

　これは元セ・リーグ審判員の三浦真一郎から聞いた話。

「キャンプのブルペンを覗くと、決まって〝あと1週間待ってくれ〟と言われたものです。コントロールのつかない死に球を見られたくなかったんでしょう。その代わり、肩が仕上がると外角いっぱいにピシャリと決まった。ちょっと外にはずれているようなボールをストライクと判定すると〝ここまでは入っているんやな〟と確認を入れてきた。もうシーズンのことを考えていたんでしょう」

身体にかかる様々な負担

　審判の準備はキャンプでの目慣らしだけではない。球審を務める場合、3時間あまり中腰の姿勢をとるため、体のメンテナンスには特に気を遣う。

「球審の構えは、決して体にいい構え方ではない。どちらかと言えば中途半端な体勢なので腰やヒザに負担がかかります。僕の場合、お風呂になるべく長めに入り、体を温める。あと走り込みをしたり、ストレッチをやったり。マッサージにもよく行きますね。

それに夏場は熱中症対策も加わります。僕らが若い頃は〝水を飲むな！〟という時代でしたが、今は違います。水分は欠かさずに摂るようにしています。若い審判でファームの試合中、熱中症でフラフラになった者もいました。

しかし水分は摂り過ぎてもいけません。基本的に試合中、トイレに駆け込むことはできませんから。実は2軍の試合で1度だけ、お腹が痛くなってトイレに駆け込んだことがあるんです。5回のグラウンド整備の時かな、たまたまその間のインターバルが長かったので用を足すことができました。審判の中には内臓の弱い方もいます。そういう方は常に下痢止めをはじめ、いろいろなクスリを飲んでいますね。お酒についても〝試合の前日は飲んじゃいけない〟などというルールはありませんが、次の日が球審の時とかは自ずと控えるようにしています」

地方球場では一層気を遣う

日頃、使い慣れていない地方球場も審判にとっては気苦労が絶えない。笑うに笑えない、こんな話を、あるコーチ経験者から聞いたことがある。

「ある九州の地方球場での話。ある三塁ベースコーチが、いきなり顔の一部を触った。実はこれ、ホームスチールのサインだったんです。三塁ランナーも驚いたが、ベンチも驚いた。なぜなら、どう考えてもホームスチールのサインが出るような場面じゃなかったからです。

しかし三塁ランナーがベースコーチのサインを無視することはできない。慌ててスタートを切ってはみたが、ホームベースのはるか手前でタッチアウト。監督はカンカンです。〝なぜベンチを無視して、あんな無謀なサインを出したのか⁉〟と。するとベースコーチ、申し訳なさそうに、こう答えた。〝実は小さな虫が飛んできて、僕の目に入りかけた。それを払おうとしたら、あんなことになっちゃって……〟。

この球場は近くに山があり、夏場のナイトゲームは照明に虫が集まってくるんです。もちろん、試合前から十分注意はしていたんでしょうが、身を守るために咄嗟に虫を払ってしまったんでしょう。地方球場では、こうした予期せぬ出来事が、よく起きるんです」

審判の場合は、どうか。

「僕も塁審をしている時、虫が目の中に飛び込んできたことがあります。幸いプレー中ではなかったので助かりましたが、重要な場面でそういうことがないとは言えないので一瞬たりとも気が抜けません。

地方球場において、それ以上に気を遣うのはグラウンドの形状やポールの高さですね。とりわけポールの高さには気を遣います。本拠地の球場はホームランかファウルかの判定がしやすいように、どこも十分な高さを有しているのですが、地方球場の中には非常に低いところがあるんですよね。すなわち打球がポールの上を通過すると（ポールを）巻いたのか、それたのかがわかりにくい。だからしっかりと打球の行方を見届けなければなりません。さらに言うと、地方球場の中には照明の量が不十分で暗く感じられるところもある。こうした球場だと、事前に、より心と目の準備をしておくことが大切になります」

本当に大切なのは人間性

選手が選ぶ「ベストアンパイア」に、あえて意地悪な質問を2つぶつけてみた。

まずひとつ。プロ野球界には2ストライクナッシング後の球は、ストライクでもボールと判定されるという話をよく聞く。これは本当なのか？

「もし選手がそう感じているのだとしたら、同じコースなのにストライクにとったりとらなかったりというバラツキがあった時でしょうね。たとえば初回にアウトコースぎりぎりのボールをストライクにとったとする。球審が毅然と9回までストライクにとり続ければ、バッターは何も言いませんよ。

2ストライク後の1球については、以前、あるキャッチャーが僕にこうつぶやいたことがあります。〝名幸さん、このピッチャー、2ナッシングでも勝負にきますから、とり逃ししないようにお願いします〟って。要するに遊び球を放らないということ。そこまで言われたら、こっちも心の準備ができる。審判の心理を知っているキャッチャーだと思いましたね」

2つ目の質問。プロ野球界はタテ社会である。選手や監督が先輩の場合、抗議を受けて萎縮することはないのか。

「ある程度、強い高校で野球をやってきて、プロでも先輩たちにもまれました。これは僕に限らず言えることですが、この世界にいる人間って精神的に強いんじゃないでしょうか。審判になって一番、よくイジメていただいたのが落合博満さん。デビューして間もない頃、〝下手くそ! オマエ野球やったことあんのか⁉〟と言われました。

その時はハーフスイングの判定です。川相昌弘さんのスイングを僕が空振りにとったんです。すると落合さんが三塁側のベンチから飛び出してきて、僕にそう言った。でも考えてみればわかることですが、三塁側のベンチにいて右打者がどこまでスイングしているか分かるわけないじゃないですか。

しかし、それからしばらくして〝なんだオマエ、横浜でやっていたらしいな〟とか言って急に話しかけてきた。試合前のメンバー表交換の時です。それからは一切、何も言わなくなりましたね。逆に〝オマエ、この前はよく見ていたな〟とか褒めてくれるようになりました。変われば変わるものです（笑）」

結局、審判にとって一番大切なのは選手や監督との信頼関係ということか。

「そうですね。審判も2軍の試合のジャッジで評価されて1軍に上がっていく。その点は選手と同じです。若い審判が1軍に上がると、必ずレギュラークラスの選手は〝あの審判はどうだ?〟と若手に聞いてくるらしい。その時に〝あの審判なら間違いありません〟と言われれば信頼も増してくる。この仕事で一番大事なのは、まずは体力、視力。しかし、本当に大切なのは人間性かもしれませんね」

現在、プロ野球の審判員は62人いるが、日本シリーズを裁けるのは、わずか8人。名幸はまだ日本シリーズのグラウンドに立ったことがない。大舞台への階段を着実に上りながらチャンスを待っている。

二宮清純（にのみやせいじゅん）
1960年愛媛県生まれ。スポーツ紙や流通紙の記者を経て、フリーランスのスポーツ・ジャーナリストとして野球、サッカー、ボクシングなどを取材。新聞、雑誌、テレビ等を舞台に幅広く活動中。株式会社スポーツコミュニケーションズ（http://www.ninomiyasports.com）代表取締役。主な著書に、『勝者の思考法』（PHP新書）、『最強のプロ野球論』『プロ野球の一流たち』（以上、講談社現代新書）、『天才たちのプロ野球』（講談社）がある。

プロ野球《やきゅう》の職人《しょくにん》たち

2012年4月20日初版1刷発行

著　者 ― 二宮清純
発行者 ― 丸山弘順
装　幀 ― アラン・チャン
印刷所 ― 萩原印刷
製本所 ― 榎本製本
発行所 ― 株式会社 光文社
東京都文京区音羽1-16-6（〒112-8011）
http://www.kobunsha.com/
電　話 ― 編集部03(5395)8289　書籍販売部03(5395)8113
業務部03(5395)8125
メール ― sinsyo@kobunsha.com

ISBN 978-4-334-03678-2

575
プロ野球の職人たち
二宮清純

西武4番・中村、捕手の代表・古田、バントの名手・川相、盗塁王・福本豊らから、スカウト、主審まで——球界の職人たちの匠技に二宮が迫る、野球ファン必携の一冊！

978-4-334-03678-2

576
大往生したいなら 老人ホーム選びは他人にまかせるな！
本岡類

デキる老人は、泊まって選ぶ！　専門家（業界人）の意見に惑わされ（騙され）ず、「自分に合う」施設を見抜くポイントを、介護施設で働いた経験も持つ著者（小説家）が丁寧に教える。

978-4-334-03679-9

577
イラン人は面白すぎる！
エマミ・シュン・サラミ

危険なイメージを持たれがちなイラン人。しかし、実はこんなに陽気で面白い人たちなのだ！　吉本のイラン人芸人が珍エピソード満載でお送りする、笑って学べる新イスラム本。

978-4-334-03680-5

578
弁護士が教える 分かりやすい「民法」の授業
木山泰嗣

法律を勉強する人の間でも、「難しい」と言われる民法。その基本が、敏腕弁護士による2日間集中講義形式&ストーリー仕立てで、楽しくかつ短期間に身につく！

978-4-334-03681-2

579
ドストエフスキー『悪霊』の衝撃
亀山郁夫　リュドミラ・サラスキナ

善と悪の基準を失い罪を背負う主人公を、作家はなぜ「自分の魂から取り出してきた」と書いたのか——世界文学最大の問題作に潜む謎を解く、日ロの研究者による対談&エッセイ。

978-4-334-03682-9